私たち遅れてるの？

知的障害者はつくられる

〔増補改訂版〕

カリフォルニア・ピープルファースト【編】

秋山愛子＋斎藤明子【訳】

現代書館

SURVIVING IN THE SYSTEM :
MENTAL RETARDATION AND THE RETARDING ENVIRONMENT

Prepared by PEOPLE FIRST OF CALIFORNIA
July 5, 1984

でかけよう。自己実現の旅へ（序にかえて）

自分は本当に自分の意思や気持ちに忠実に生きているのだろうか。わからなくなることがあるのではないでしょうか。まわりの人間や社会の期待にあった自分だけを演じ続けていると、人はふと、そんな気持ちになります。自分の怒りや苦しみ、喜びまでもが自分以外の誰かや何かによって支配されているのではないか、自然な素直な自分をどこかに忘れてきてしまったのではないかという恐れに似た気持ちが湧き上がります。あるいは、そんな自分があったことさえも忘れて、どこか苦しいけれど毎日がただただ過ぎていってしまうかもしれません。

多くの知的障害者も、このような自己実現できない日々を重ねているのです。しかし、アメリカ合衆国カリフォルニア州の首都、サクラメント市に住むコニー・マルティネスとトム・ホプキンスのふたりは、そんな日常におさらばしました。自ら舵をとりながら、迷ったときやわからないときに相談にのってくれるよき友人のバーバラ・ブリーズやボブ・ローゼンバーグ、他の知的障害者とともに、自分を取り戻す旅に出かけたのです。旅の名前は、セルフ・アドヴォカシー、同行の仲間はキャピタル・ピープルファーストと呼ばれます。

セルフ・アドヴォカシーの旅に出てから、ふたりは変わりました。怒りや悲しみ、喜びを感じることはなにも恥ずべきことじゃないし、抑圧されなければならないことでもない。洒落たバーに、気のあった友達と遊びにいって楽しくやることもIt's OKということを学びました。知的障害者の権利を擁護するため、きちんと自己主張するべきだということもわかりました。何より感動したのは、生まれたときから「知恵遅れ」だと思っていた自分の言動が、もって生まれた障害によるものでなく、環境によってつくられたものだとわかったときでした。

コニーは一九九一年、トムは翌九二年に日本を訪れました。ふたりとも、講演で自らの半生を語るとともに、知的障害者福祉の不適切さや社会の偏見を是正することを日本各地で訴えました。制度や偏見などによって「知恵遅れ」というレッテルがつくられ、社会はそのレッテルにあった人々を再生産しているのです。ですから知的障害者は、障害によってではなく、こういった環境要因によって、世にいう「知恵遅れ」にされてしまうのです。ふたりは、自らの経験と観察によって裏打ちされた主張を日本の人々に伝えました。自分たちが「遅れ」ているのではない、むしろ環境が「遅れ」をつくり出しているのだと。

講演会に参加した多くの日本人は、このふたりの姿に衝撃を受けるとともに、十年前には成人学級で全く口もきかなかったコニーが、どうして雄弁な演説家になったのか、十年前は、障害者職業訓練所内のコーラ販売機の横に座って体を前後にゆするという行為しかしなかったトムが、どうして中東政治を語り、人生の意義を語る哲学的な紳士になったのか、その秘密を知りたいと思う気持ちが湧き上がりました。

この本は、ひとりでも多くの知的障害者の人々、そして知的障害をもたない人々に、セルフ・アドヴォカシーという自己実現の旅に出かけてもらいたいという思いでつくられました。障害があろうとなかろうと、素直な自分であることは素晴らしいと思うからです。この本のもとになったのは、コニーやトムが活動してきた知的障害者の当事者団体、キャピタル・ピープルファーストがカリフォルニア州発達障害審議会に委託されて一九八三年に行った知的障害者の実態調査とニーズ把握の報告書『*Surviving in the System: Mental Retardation and the Retarding Environment*（制度の中で生き延びるには——精神遅滞と遅れを招く環境）』です。十四年前に出版されたものですが、知的障害者の自己決定・自己主張がようやく端緒についた日本では、タイムリーな発刊ではないかと思われます。アップ・ツー・デイトにする必要のあるところは、この報告書の書き手であるボブ・ローゼンバーグに相談のうえ修正しました。さらに、読者の理解を深めるお手伝いとして、第一章（**2**の**1**と**2**を除く）、第二章、第三章の**2**、および脚注、写真を追加しました。

この本は、いわゆる「福祉」の参考文献としてではなく、自分の人生を歩みたい人々のための手がかりとして読んでいただければ幸いです。

（一九九八年　秋山・記）

増補改訂版への序『旅は続く』

一九九八年にこの本を出させていただいてから、すでに八年という歳月が流れました。

私は現在、タイ・バンコクの国連で、アジア太平洋地域（西はトルコ、東はオセアニア諸島の国々も含む広大な地域です）の障害者の社会参加と権利向上を目的に、域内政府に政策をつくるよう働きかける仕事をしています。この地域の多くの国では、発達障害者や知的障害者というと、「何も決められないかわいそうな人たち」「何もできない人たち」というイメージがまだまだ先行していますし、権利擁護やサービスの制度もまだまだ整っていません。障害はいったい誰がつくるのか。改めて、その質問をみつめなおしています。

一方、先日（二〇〇六年三月）、ピープルファーストジャパンの佐々木信行さんとニュージーランドの当事者アドヴォケイト、ロバート・マーチンさん、アメリカのチェスター・フィンさんがバンコクでの差別禁止法に関連する会議に参加し、アジア太平洋地域では知的障害者があまりにも見えない存在になっていることに警鐘を鳴らしました。佐々木さんは十年以上前に、カリフォルニア・キャピタル・ピープルファーストを訪れて、感銘を受けた当事者のひとりです。斎藤明子さんとのＡ・Ａコンビでつくった視察ツアーから、こんなリーダーが生まれてくださったのね。と、ちょっと誇らしい気持ちです。これから彼らの運動が、この地域で大きく広がっていくことに期待しています。

今回、増補改訂版のための取材でカリフォルニアを訪れ、懐かしいボブやバーバラ、シャリーンさん、弁護士さんたちと会いました。皺の数はもちろん増えたけれど（ひとのことよく言えるねと言われるかもしれませんが）、精神は変わりません。そして、同じ道を進む新たな人たちとの出会いもありました。カリフォルニアも決してすべてがバラ色ではありませんが、あきらめず闘い続けている人たちの姿やその取り組みに改めて感動しました。

というわけで旅はまだ続きます。この本が何かのお役にたてればと願います。

（二〇〇六年四月　秋山・記）

目次

装幀＝杉本和秀
カバーイラスト＝杉本和秀＋伴秀政

第1章 どうしてこの報告書は生まれたのか

社会が変われば福祉も変わる！べきなのに相変わらず専門家と官僚と親ばかりが発言している知的障害の世界に画期的な変化をもたらした 1983 年のカリフォルニア州調査。なぜ知的障害者自身が各地の施設を回り、作業所を訪ね、監督者がいないところで本人の本当の気持ちを聞くことができたのか、この章ではその背景を探ります。

1 ピープルファーストとは

一九七三年、アメリカのオレゴン州で、約五百六十人の知的障害者らが集まり、施設を出て地域で暮らすことや「知恵遅れ」とまわりの人々から呼ばれることについて話し合いました。そのとき、ひとりの参加者が立ち上がり、「知恵遅れ」や「障害者」ではなく「まず人間として扱われたい」= I want to be treated like people first と発言しました。障害だけで自分のすべてを判断されるのではなく、まず人間としてみてもらいたい、そうあるべきだという熱い思いが込められたこの言葉が、参加者の共感を得、その後オレゴン州内に十六のピープルファーストを名乗るグループが誕生したのです。

このように知的障害者が声をあげるようになった源泉は、スウェーデンにたどることができます。一九六〇年代後半から、ノーマライゼーションの理念と原理にもとづいた政策が、福祉の諸側面で実施されるようになりました。ノーマライゼーションとは、「どんなに障害が重くても普通の生活ができるように環境を整える」ことです。このことにより、社会から隔絶された施設に暮らし、健常者から言われるままに行動するのではなく、自分の主張をもち、地域で暮らしていくことが知的障害者にとっても普通であり、そのために社会は環境を整備すべきであるという考えが広まりました。

具体的には、スウェーデン各地で知的障害者が週末に集まり、自らが中心になって、余暇の過ごし方などについて話し合いました。「自らが中心になって」とは、健常者ではなく、知的障害者が議題を選び、自分たちの言葉とペースで議論を行い、必要なときだけ知的障害をもたない健常者の助けを得たということです。

こういった活動を通じて、知的障害者の自己主張を基本にした地域での生活が模索されはじめました。さらにこの運動はカナダに飛び火し、一九七三年にはブリティッシュ・コロンビア州バンクーバーで知的障害者の会議が開かれました。冒頭に紹介したアメリカのオレゴン州の会議は、このカナダの会議に参加し触発された人たちが開催したものです。

ピープルファーストの活動を支える理念はセルフ・アドヴォカシーと呼ばれます。「序にかえて」では、この言葉を「自己実現への旅」という言葉で紹介しました。第三章でもう少し詳しく説明しますが、これは、自分の意見や感じ方を尊重し、権利や主張を社会に伝えていくことです。知的障害者は、かつて障害を理由に、自己主張や人間としての権利を認められていませんでした。しかし、ノーマライゼーションの進展や障害者にも同じ人間としての権利を保障すべきだという視点から、この理念が成長してきました。

セルフ・アドヴォカシーを基軸にしたピープルファーストを掲げる組織はアメリカ、カナダに増え続けています。一九八五

第一回カリフォルニア・ピープルファースト全州会議の旗の前でポーズをとる当事者リーダーのダニエル。テーマは『夢は黄金』。できないことに注目するのでなく、可能性への挑戦を高らかに宣言している。

年の時点では、全米に約五十五、カナダでは約百五十二の団体があり、約五千人の知的障害者が参加していたと言われていますが、一九九〇年には、アメリカで四十の州に三百七十四のピープルファーストやそれに類似する団体が出来ています。一九九一年には、史上初めて、カナダにピープルファーストの全国組織が誕生し、翌九二年には、アメリカにも全国組織が誕生しました。一九九四年の調査によれば、アメリカにおけるピープルファーストの数はさらに増え、四十三の州と首都ワシントンに約五百五の団体が存在しています。カリフォルニアをはじめとする十五の州には、州単位のピープルファーストの連合組織もあります。

2 『遅れを招く環境』作成の経緯

① カリフォルニア・ピープルファーストとは

カリフォルニア・ピープルファーストは、精神遅滞をもつ成人による団体の連合体で、カリフォルニア州にある十五以上の団体が所属しています。合計五百名以上のメンバーが活動を支えています。この団体は、知的障害以外の発達障害者（たとえば、学習障害、脳性マヒ、自閉症等）の権利擁護運動もしています。また、障害をもった人同士が支えあうだけでなく、健常者の友達や親戚との強いつながりを築いています。

精神遅滞をもった人はきっとこんなところに住んでいるだろうと皆さんが想像するあらゆる場所に、ピープルファーストのメンバーは、住んでいます。大小の州立施設や地域の施設に住んでいる人もいますし、自宅で家族やルーム・メイトと、あるいはまったくひとりで暮らしている人もいます。

このピープルファーストの活動の目的はふたつに分けることができます。

まずひとつは、自立生活を実現し維持するために必要な能力を当事者が身につけるためのサービスやトレーニングを実施し、支援体制をつくることです。

次に、発達障害者はまず人間（ピープルファースト）であり、障害者であることは二次的な事実にすぎないことを地域社会全体に知らせることです。

カリフォルニア・ピープルファーストの現在

現在カリフォルニア州にはピープルファーストを名乗っているグループが約 50 団体、ピープルファーストという名前を使っていないセルフ・アドヴォカシーグループが約 100 団体あります。メンバーは団体によって異なりますが平均 15 人とすると州全体で 2250 人ということになります。把握していない団体もあるので実際にはもっと多いと考えられます。

2 発達障害審議会との契約

一九八三年、カリフォルニア・ピープルファーストは、カリフォルニア州発達障害審議会に対して以下の四点を自分たちで行うという契約を結びました。

①発達障害者を対象としたサービスに関するニーズ・アセスメントの実施。

②障害者自身のニーズを把握するために、直接当事者から最大限の情報を引き出すためにはどうしたらよいか、その方法を考えること。

③発達障害者がセルフ・アドヴォカシーのグループを組織し、権利主張運動を展開し、他の人たちをひっぱっていけるリーダーになるにはどうしたらよいか、そのノウハウを考え出すこと。

④右記のアセスメントと調査にもとづいて、発達障害者が自らの人生の決定にどうしたらもっと積極的に関わっていけるか、その方法を考え出し、学んだことや新しいアイデアを提言の形にして、その報告書を発達障害者制度を管理する立場にある民間、公共機関や政策決定機関に提出すること。

ところが、この契約にもとづいて調査をするはずだったカリフォルニア・ピープルファーストに予期せぬことが起こったため、急きょ、カリフォルニア州の州都サクラメントにあるキャピタル・ピープルファーストが契約を履行することになりました。この変更のため、報告書完成までに予定

カリフォルニア・ピープルファーストのマーク。鷲の中に白い州の形と人型の1(ファースト)が入っている。

カリフォルニア州発達障害審議会

議会連邦法DDAによって各州に設置が義務づけられている審議会。詳しくはP 37(3)―①参照。

以上の時間がかかりましたが、審議会は協力的で報告書の提出期限の延長にも快く応じ、キャピタル・ピープルファースト内で調査を担当した「調査チーム」にもいろいろな配慮をしてくれました。

このプロジェクトのユニークな点は、いわゆる専門家ではなくて、サービスの利用者である発達障害者自身の観察や意見がすべてに反映されていることです。専門家としてこの研究・調査に関わったのはたったひとりです。あとは、組織づくりや報告書作成の経験はあっても、発達障害制度については経験がまったくないに等しい人たちが、この報告書の完成を仕事として依頼されたのです。報告書作成者は、インタビューでは、話題に上っている事柄を明らかにするための質問をし、たまに、「調査チーム」の障害者メンバーが言葉につまったときに助ける以外はいっさい口出ししませんでした。その仕事は、レポーターと編集者の仕事を組み合わせたようなものです。

また、報告書作成者は、「調査チーム」のふたりの健常者顧問とともに、障害者委員の、十二日間約二千四百キロにわたる旅行の手続きをしました。調査チームは、サクラメント、ロサンゼルス地域の合計約十五の各種居住施設と職場を訪問し、約百五十人のプライマリー・コンシューマーとセカンダリー・コンシューマー、そしてたくさんの訪問先の施設や職場の職員にさまざまな形式のもとでインタビューしました。訪問先は州立病院や民間居住施設、通所施設、自立生活トレーニングセンター、職業訓練施設、そして州立病院から出ることが難しいといわれる障害者のためのプログラム、重度障害者などの自宅支援プログラムでした。

ここではっきりさせておきたいのは、「調査チーム」のメンバーがインタビューしたのは、「精神遅滞」というレッテルをはられた人かその家族、あるいは、「精神遅滞」のためのサービスを提供している人のみです。この「精神遅滞」というレッテルは、日常生活の機能のレベルにもとづいて、州の発達障害制度の規程により決定されたものですが、調査チームがインタビューした多くの人は、現存の制度

プライマリー・コンシューマー、セカンダリー・コンシューマー

日本では福祉は「上（行政）から下（受ける人）への恩恵」であるが、アメリカでは福祉は「行政が提供するサービス」であり、受ける人は顧客あるいは消費者＝コンシューマーで、プライマリー＝第一の消費者は当事者、セカンダリー＝二次的な消費者は親や兄弟等である。詳しくはＰ56 参照。

および援助技術のもとでは、「自立生活」ができるとは見なされそうもない人々でした。しかし、「精神遅滞」と呼ばれる原因となった生まれつきの障害を乗り越えた人もいましたし、あとは「遅れを招く環境」から抜け出すだけという人もいました。「遅れを招く環境」という言葉は、このページ以降何回も出てきますが、発達障害者をめぐる状況を的確に描写した言葉といえましょう。

身体上、環境上の遅れのどちらかあるいは両方を脱却したグループは、発達障害者の中でも、知的障害がないと見なされている人の代表格といえましょう。事実、ある州立病院で、重度の聴覚障害者のための全く新しいプログラムが提供されていました。彼らは、みな「精神遅滞」といわれていたようですが、本当に知的障害をもっているからそういわれているのか、それとも、自由にコミュニケーションできる世界に参加できない境遇から抜け出せないという欲求不満と怒りから、「精神遅滞」といわれるような行動に出ていたのか、大いに疑問であるといえましょう。

この報告書は、遅れを招く環境に関する問題点に焦点をあて、それを乗り越える方法を提示しているという点で、自らの欠陥でなく外部の欠陥により「世の中にあまねく存在する権利（訳注・どこであろうと堂々と生きていける権利）」を奪われているすべての発達障害者に向けられたものです。

3 『遅れを招く環境』発刊後の反響

この報告書は一九八四年に出版されて以来、アメリカ国内にとどまらずオーストラリア、カナダ、英国の福祉関係者・当事者に衝撃を与え続けました。報告書を読んで「精神遅滞」と呼ばれる人たちの「遅れ」をつくっているのはそれぞれがもっている障害よりむしろ環境であるということが明確になったのです。また、多くの知的障害者が、報告書自体を読まなくても「遅れを招く環境」という題名を聞いただけで、思わず心の中で「これだ!!　自分が言いたかったのはこのことだ!!」と叫びました。十年たった今でこそ、コニーやトムが各地で講演活動にひっぱりだこになり、当事者主体、セルフ・アドヴォカシーがあたりまえのようになっていますが、この報告書が書かれた当時は知的障害当事者の声を聞くということはなきに等しかったのです。当事者がヒアリング調査の主体となり、たくさんの当事者の声がそのまま盛り込まれたこの報告書は、セルフ・アドヴォカシーの真の先駆的書物といえるでしょう。

3 『遅れを招く環境』を作成した当事者メンバーの紹介

報告書作成委員会のメンバーは以下のとおりです。(アルファベット順。☆印が当事者)

バーバラ・ブリーズ
☆ジェイムス・ドレイク
☆トーマス・ホプキンス
☆サンドラ・ジャンセン（一九九七年死去）
☆コンスエラ・マルティネス
ジョン・C・マクミラン
キャロリン・ネグレット
☆ロベルト・ネグレット
ロバート・R・ローゼンバーグ

このうち、当事者メンバー四人が自ら語った生い立ちと意見をご紹介します。

私のような人間の暮らしぶりについて少し話をさせてください。

私たちは人間らしい暮らしをして当然なのです。そして、私自身そういう生活をしています。しかし、それを獲得するために闘わなければなりません。私たちの生活を管理しようとする人たちから人生を取り戻さなければなりません。

小さいとき、お医者さんは両親に、「この子は自分の世話など一生できないだろうから、どこか（施設など）へやってしまうべきだ」と言いま

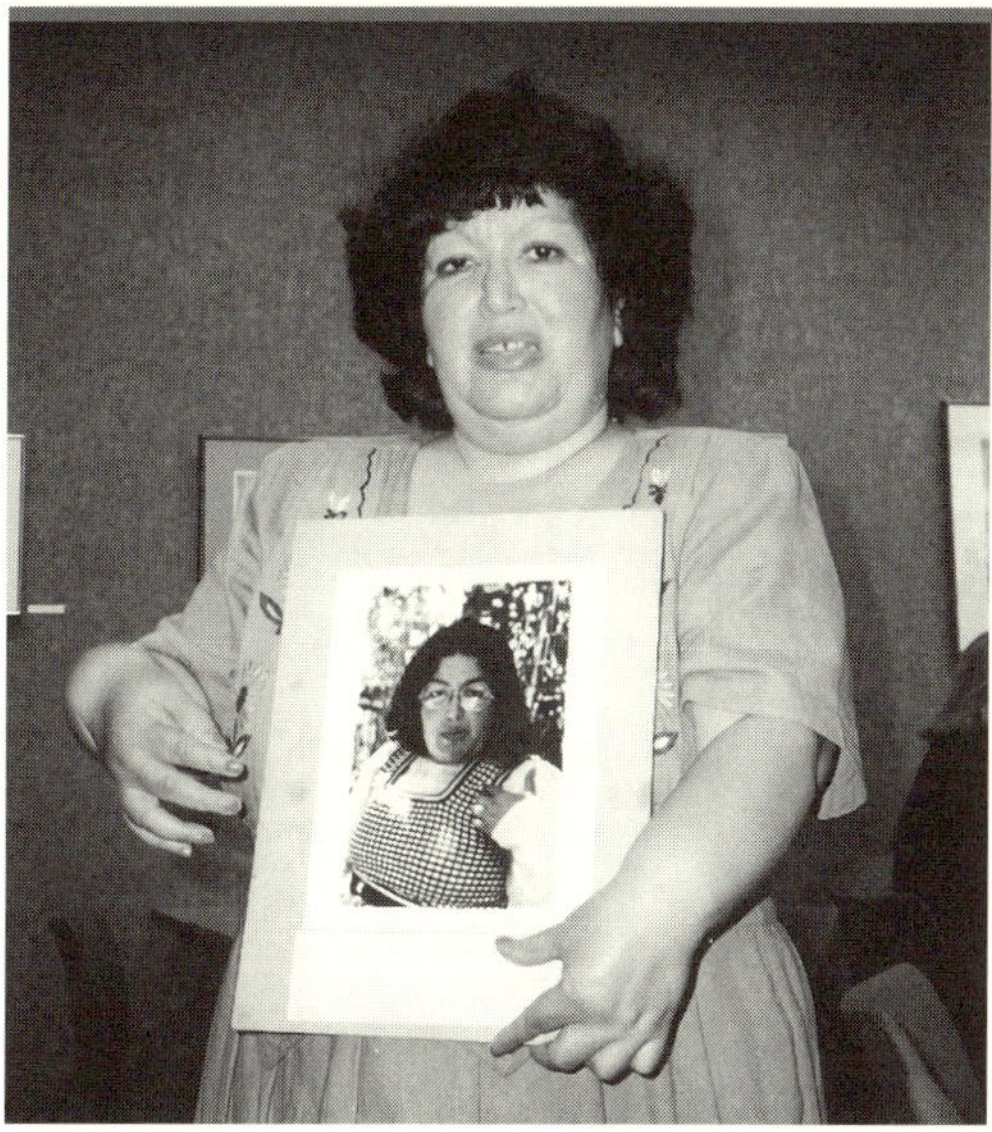

自分の昔の写真を見せて「私はこんなに暗い人間だった」と話すコニー。今はひとりで住人専用のプールつきのアパートに住んで、庭にトマトや赤ピーマンを植え水泳や料理や字を習っている。

した。

私の両親はそうはしませんでしたが、毎日父が仕事から帰ってくると、私を怒りに満ちた目で見つめるので、おかしいなと思っていました。何か、私が悪いことでもしたようでした。自分がどんな悪いことをしたのか心当たりもなかったので、父のこの態度は私をおおいに傷つけました。

今ではその理由がわかります。父は、私を一生ずっと面倒みなければいけないと考えて八方塞がりのような気分だったのです。けれどもみなさん、私が自立生活プログラムから卒業したとき、父は来るはずだったのに、心臓発作で亡くなってしまいました。死ぬ間際、私が父に会いに行ったとき、父は私の頬を触りました。やっと許してくれたのだと思います。

けれども、今でも母は私が自分で自分の人生を管理しているのが信じられない様子です。首都ワシントンに行って大学教授と話をしたりしているのに、母はまだ信じてくれません。彼女

コンスエラ・マルティネス

(Consuela Martinez)

女性　50代。通常コニーと呼ばれている。

にとっての私は、今でも「かわいそうなコニー」、憐れむべき存在なのです。

両親は私の兄姉たちにはいろいろな夢と期待を抱いていたようですが、私には何も期待していませんでした。だから私は自分で自分の夢を育てたのです。もしも自分の夢がなければ、いい人生なんて送れません。私の夢は、小さな家と、花が咲きトマトや胡椒《ペッパー》が育っている庭と、人生をともに過ごしてくれるパートナーです。

私たちには人生の管理者はいりません。私たちに必要なのは良い先生です。

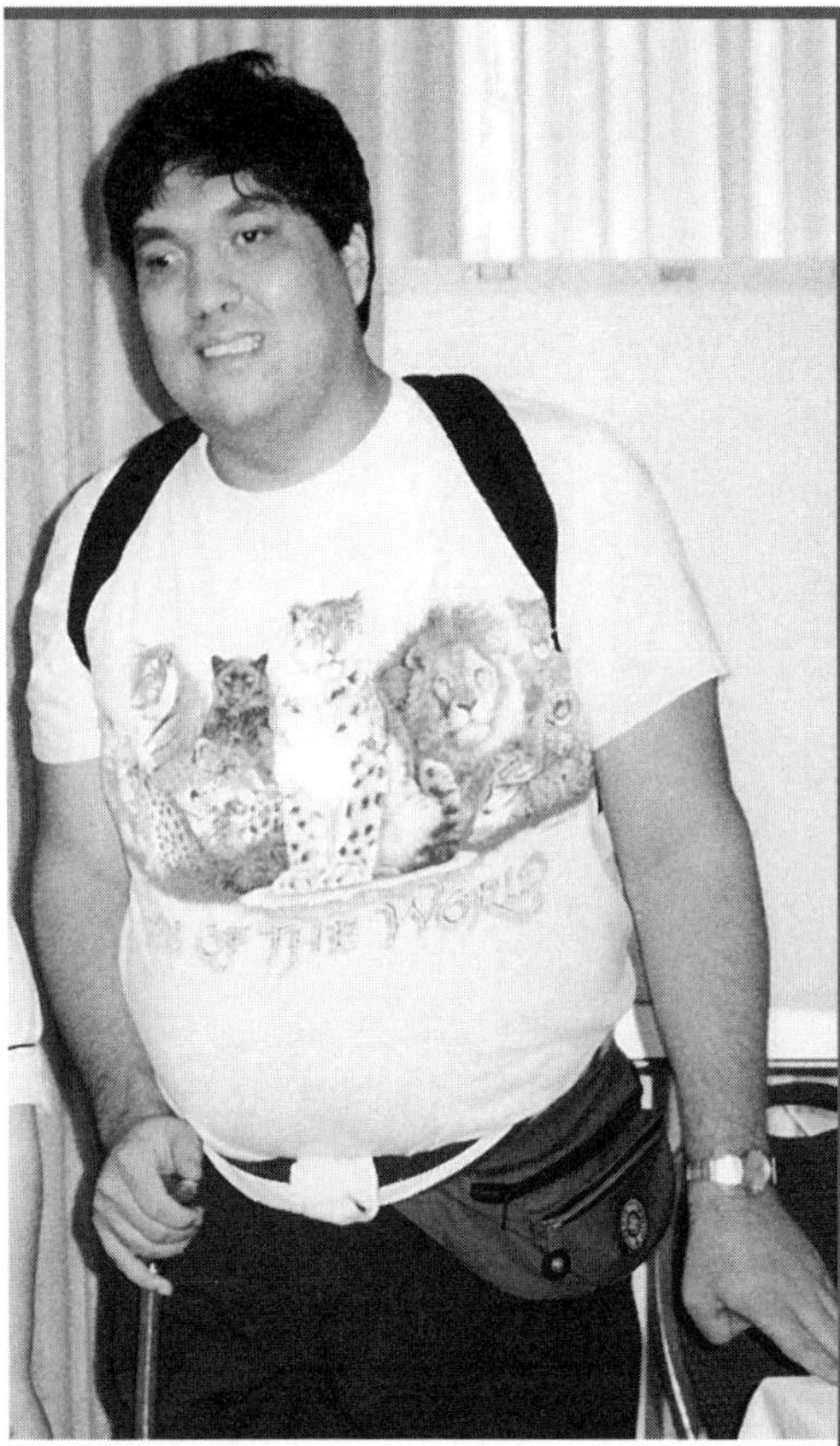

一度親元を離れて自立したが、アパートにひとりで座っている生活がいやで現在はまた親と一緒に住んでいる。ひとり静かに推理小説を読んでいることが多い。足が不自由で杖を使っており目下の悩みはダイエット。家ではゴミ出しや、掃除などの家事を分担している。

トーマス・ホプキンス
(Thomas Hopkins)
男性　30代前半。通常トムと呼ばれている。

遅れを招く環境についてひとこと言わせてください。

このカリフォルニア州発達障害審議会の委託による報告書『遅れを招く環境－制度の中で生き延びるには』が出たときには、人々は「うんうん、わかるわかる」とうなずいていました。

遅れを招く環境とは、州立病院や作業所、地域の居住施設など発達障害者ばかりが集まる場所のことで、障害者だけが集まっているためまわりの知恵遅れの行動をモデルとして学んでしまう、ということです。

私たちが自分で問題解決するための手助けをするはずの専門家が、私たちの人生を管理してしまうのです。さらに人々は私たちにまったく何も期待していません。

文化的社会的な経験をつむことができず、文化的社会的な栄養失調にさせられる一方で、たまに団体でボーリング場に連れていかれ、私たちを指さしてヒソヒソ話をする他人におびえる↘ことです。

自分の決めたことはゴミと同じ、権威者の言うことを聞かなければならないという気持ちにさせられることです。

私は高校を卒業すると、作業所に行きました。私は大工になりたかったのです。そこでは、大工になるための技能を教えてくれるはずでした。ところが、そんなことは起こりませんでした。それから四年半、私はコーラの自動販売機の隣で木にやすりをかけて体を前後に揺らすことしかしませんでした。もうこれ以上このままでいたら頭がおかしくなると思ったので、そこを飛び出しました。

今でも、そのときのくせで体を前後に揺らしてしまうときがあります。前にテレビで、バッファロー・ハンターにはバッファローの血が体にしみついてしまうと言っていました。遅れを招く環境も体にしみつきます。それは死のしみのようなものです。

私はダウン症をもって生まれました。また、生まれつき、心臓と肺と発語に問題があります。それからメンタル・リターデーション（精神遅滞）もありますし、他の問題ももっています。私が生まれた直後、お医者さんが私の両親に言ったのは、私のことは州立病院に入れて、なかったこととして忘れてしまえ、ということでした。その理由は、私のような人間は、一生三歳児よりかしこくなることがないし、自分で自分の面倒がみられないだろうし、たぶん十代で死んでしまうだろうということでした。

本当に幸運なことに、私の両親はそんな「間違った情報」を信じなかったので、私を州立病院に入れることはしませんでした。もしそうしていたら、たぶんお医者さんの言ったようになったことでしょう。――たぶん、一生歩くことや話すことを学ばなかったでしょう。だって、私は、将来「百万ドル」の価値をもつような人間になるだろうという期待を、生まれたときにかけられるような存在ではなかったのですから。

知能指数を測られて、たしか三〇でした。だけど私は読むことも、お金の扱いも、それからどうやってバスに乗るかも習ったんです。自分のアパートに住むことだって習ったから、ひとりでもう五年も暮らしていますよ。

「精神遅滞」だということは、のろいってことなんだなあって、だんだんわかってきました。だけど、どんなにのろくたって、果てしなく進歩し続けることができる、このことには誰も気づいてないんですよね。他の子どもたちは、六歳になれば読めるようになります。だからといって、私が六歳のときに読むことができない人間だと、両親や先生が決めつけてしまったら、私は一生読むことを学ばなかったでしょうね。

故サンドラ・ジャンセン
(Sandra Jansen)
女性　30代。

だけど、あの人たちは私の可能性を信じてくれました。だから十二歳のときに、読むことができたんです。

　ダウン症や他のいろいろな障害をもっているってことで、前はよく落ち込みました。自立生活訓練の一部としてバスの乗り方を学んでいたとき、誰も私のように見かけが違う人間の隣には座ってくれないだろうと思うと、いやでいやでしょうがありませんでした。私は、今でも、ときどき、自分がかわいそうだなと思ってしまいます。

　けれども今、昔のことを考えると、初めに間違った情報を出したお医者さんや専門家たちに対して、本当に頭にきてしまうことが多いです。いまだに専門家たちが間違った情報を平気で言っていることを想像しただけでも、頭にきてしまいます。

　ダウン症や他の遅れがあったから即、質の悪い人生・生活を送らなければいけないということにはなりません。精神遅滞をもった人の多くが、質の悪い人生を送っていますが、それは遅れを招く環境があるからです。こういった環境で、社会から隔離された場所で日々を過ごすことを強いられてきたのです。それから、人々が私たちに対してもっている間違った考えや、私たちが普通の生活を送るための手助けがないことも、質の悪い人生の原因だと思います。

　私は今、「ごくあたりまえ」の生活を送ってい

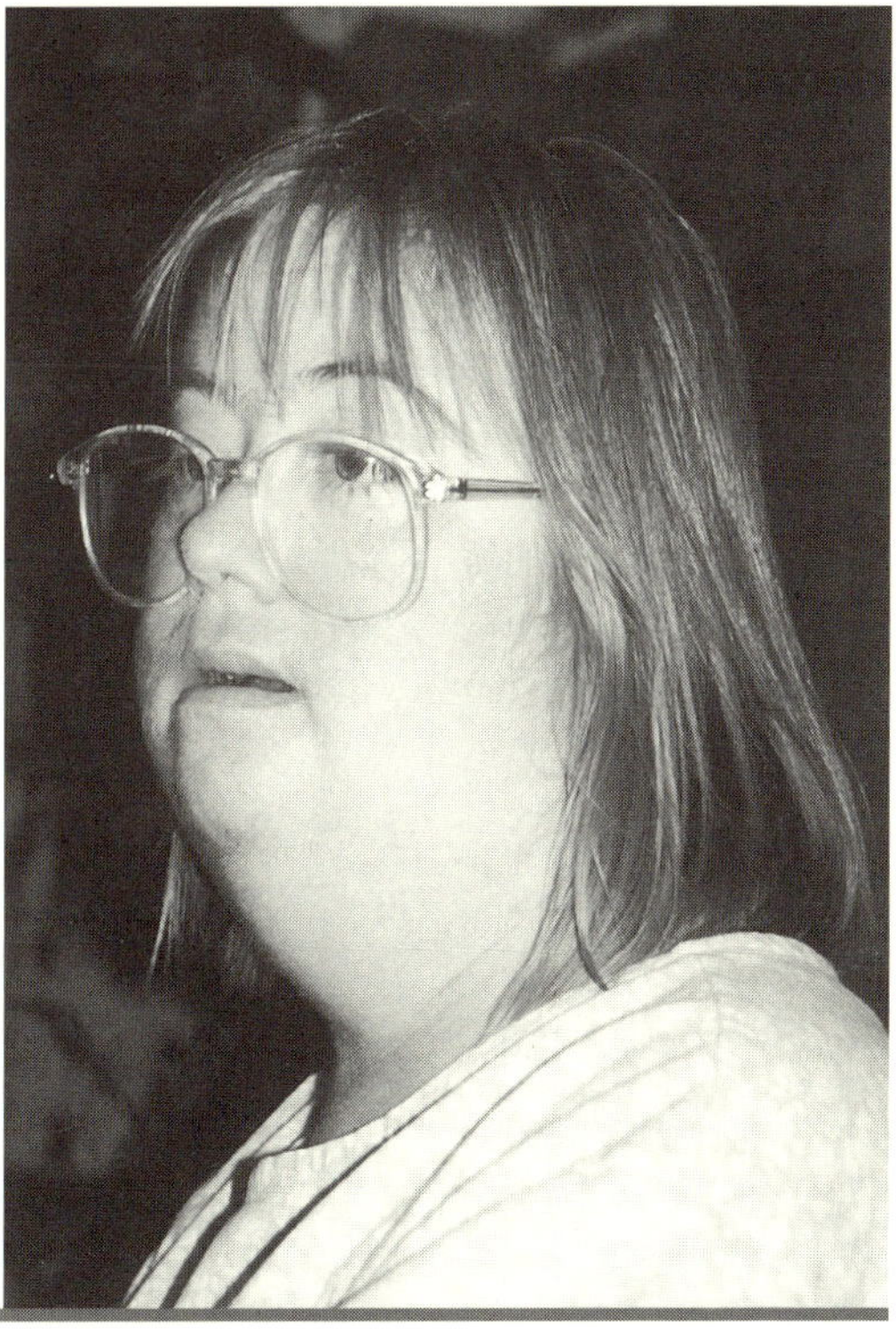

自立して陽気に暮らしていたサンドラだが、心臓病が悪化。障害者であるため一度は移植を拒否されたが差別反対の大キャンペーンにより移植手術を受け元気を取り戻した。しかし、惜しくも 97 年に亡くなった。

ます。たくさんの点で質の良い人生を送っていると感じます。学校にも戻りました。隔離教育ではない成人の学校です。今とてもうれしくてしょうがないのは、私のお兄さんとその奥さん、それから赤ちゃん—私の姪がサクラメントに引っ越してくるんです!!　もっと友達がいたらいいなと思っています。だけど友達はちゃんといますよ。いっしょにいろいろなことをやるし。パーティが大好きなんです。だから友達には、ダウン症じゃなくてアップ症（注・「ダウン」に対し元気がいい、プラス指向をもっているという意味の「アップ」を語呂合わせとして使ったしゃれ。「アップ症」という言葉があるわけではない）じゃないのって言われたりします。

ロベルト・ネグレット
(Roberto Negrete)

男性　20代。

　ロベルトが生まれたとき、彼の脳波は機械で読み取れるレベルにも達していなかったので、医者たちは、彼が生き続けるだろうとは考えもしませんでした。その後、脳内にいくつもの損傷があり、知能指数は三〇以下だと明らかになりました。このままお医者さんの言うことを聞いていたらロベルトもどうなっていたかわかりませんが、彼の母親は、ロベルトが州立病院に入れられることを拒み、地域の中で生活できるように闘い続けてきました。また、ロベルトの痙攣を抑えるための補助器具も彼女が自分でデザインしたのです。教育の専門家には、どうやってロベルトにものを教えるかを教え、認識障害をもった子どもたちやその家族に前向きに生きる力を与えてきたのも、ロベルトの母です。もし彼女が今までやってきたことを誰かがまとめたら、それこそ福祉の歴史に残る文書になるでしょう。

　もしベア（ロベルトのあだ名）が現存の制度にしたがった精神遅滞者対象のあらゆるサービス

職場である議事堂のレストランでくつろぐロベルト。障害者会館や福祉センターでなく、議事堂のレストランを障害者団体にまかせる発想がうらやましい。こうすれば議員さんにも障害者のことを常に念頭においてもらえる。

を受けてきたとしたら、今頃彼は、州立病院のゆりかごに揺られ、人とのコミュニケーションが全くできない状態で、動くこともできず、希望もなくどうすることもできない状態だったでしょう。私たちは、ロベルトがそんなところに行かなくてよかったという安堵の気持ちと、そんなことを危惧せざるをえない制度の質の悪さが依然として変わっていないことに落胆しつつ、こう言わざるをえません。以下、彼の今の生活をありのままに彼自身の口から語ってもらいましょう。

私は非常に忙しい生活を送っています。

サクラメントの州議事堂にあるレストランで働いています。知事や議会のメンバーのところへレストランから出前を持っていきます。テーブルをきれいにしたり、紙ナプキンや塩・胡椒・砂糖の瓶を置いたりするのを手伝っています。議会のメンバーやスタッフはみんな知っていますし、お互い名字ではなく名前で呼び合う仲です。
高校を卒業したとき、家族から運転免許を取ったらとすすめられました。だから、私のために時間をかけて運転を教えてくれる先生を見つけて、試験に合格しました。今、自分の車を持っていますよ。車があると本当に人生がだいぶ違いますね。

週末はジャズ・コンサートや展覧会、ショーに行ったり、たまにはリノ（ギャンブルが盛んなところ）やサンフランシスコに友達と行くので ↘

とても忙しいですね。障害をもった友達はたくさんいますが、障害をもっていない友達もたくさんいます。シエラ・クラブ（環境保護団体）の活動にも参加しています。

障害をもった友達がすごいと感動していることのひとつに、大部分の人たちが私のことを特別扱いしないでごく普通につき合っているというのがあります。だけど、私はそれはあたりまえだと思うんです。

第2章

まず人権、そしてサービスのアメリカ

管理者の言うままにおとなしく従うのが『いい障害者』の日本と『ライフスタイル、人間関係、何をするか、将来どうしたいか』を自分で決める権利を保障しているカリフォルニア州。第3章以下をよく理解していただくためには、アメリカの法律や制度についての知識が不可欠なので翻訳にあたって新しくこの章を付け加えました。

1 「発達障害者」の定義

アメリカにおける知的障害者に関わる法律・制度を説明する前に、「知的障害者」がどのような枠組で考えられているのかを説明しましょう。アメリカでは、「知的障害者」は「発達障害者」の中に入ります。「発達障害者」とは通常、精神遅滞や脳性マヒ、てんかん、自閉症などに代表される障害者ですが、厳密な定義付けは、連邦政府の Developmental Disabilities Assistance and Bill of Rights Act（発達障害者援助権利章典法）という法律によって定められた定義と、各州によるものの二種類があります。ここで連邦の定義とカリフォルニア州 Lanterman's Act（ランタマン法）にもとづいた定義を簡単に紹介しましょう。

1 連邦政府によるもの

発達障害とは、重度で慢性的な障害が五歳以上の個人にあらわれて、

(1) これらの障害が身体的あるいは知的な障害、または身体的かつ知的な障害によるものであり

(2) これらの障害が個人が二十二歳になる以前にあらわれ

(3) これらの障害が一生続くものとされ

(4) 次にあげる日常の生活を営むうえでの機能のうちの三つ以上に大きな支障があるとみなされる。

①自分で自分の身の回りの世話をすること

②言語の認識と表現

③学習
④移動
⑤自己決定
⑥自立生活を実現する可能性
⑦経済的に自立するに足る能力・技能

(5)　また、これらの障害によって一生あるいはある一定の期間、専門的または学際的な支援やサービスを受けるニーズがある者が「発達障害者」とみなされる。さらに、〇歳児から五歳児のなかで将来「発達障害」になる可能性がありながら現在適切なサービスを受けていないものも「発達障害者」とみなされる。

［公法一〇三−二三〇　第一〇二条(8)項］

2 カリフォルニア州ランタマン法によるもの

発達障害とは、精神遅滞、脳性マヒ、てんかん、自閉症や他の精神遅滞に関連した神経上の障害などをもつ者で、これらの障害が十八歳以前にはじまり一生続くとみなされその障害をもつ個人にとって大きな支障となっている場合をいう。また、発達障害者であるとみなされる人は、知的障害者か、知的障害者に必要とされているサービスと同様のものを必要としている人であると判断されなければならない。

［ランタマン法第四五一二条］

3 連邦とカリフォルニア州との比較

連邦とカリフォルニア州の定義を比べると、まず個人を発達障害と呼べるかどうかの年齢の上限が違います。連邦では二十二歳、カリフォルニア州では十八歳です。この点では、連邦政府の方がより

日本における(発達)障害者の定義

精神薄弱者（知的障害者）が行政のサービスを受けるには『療育手帳』が必要で、その判定は知能の測定値、社会性、基本的性格などの総合的判断による。障害の発生年齢による規定はないので日本には発達障害者という区分はない。

多くの人を発達障害とみなしています。換言すれば、十八歳以降二十二歳の間に発達障害の症状があらわれた人は発達障害者を対象にしている連邦のサービスは受ける資格がありますが、カリフォルニア州が提供しているサービスは受けられないことになります。

次に、連邦では発達障害者であるかどうかを決定するひとつの指針として、日常生活に必要な七つの行動のうちの三つ以上に支障があるかどうかを説いています。この定義に従うと、知的障害はなくても身の回りの世話が自分ひとりではできない、移動が困難だ、経済的に自立できるような状態ではない人で、重度の脳性マヒの障害をもった人も発達障害者になります。一方、カリフォルニア州の定義では、該当する個人は知的障害かあるいはそれに必要とされるサービスと同様のサービスを必要としている人といっています。これは、たとえば脳損傷の人です。このふたつの点を比べてみても連邦の方がより広義の人を発達障害者と呼んでいることがわかります。

連邦の法律でもカリフォルニア州の法律でも、知能指数（IQ）が、発達障害者であるかどうかを決定する基準にはなっていません。したがって、現実に、知能指数によってサービスの内容やその頻度が決定されるわけではありません。むしろそのようなやり方は間違っているとされるでしょう。ただし、サービス照会や提供機関での受付時に参考までに、サービス利用者の知能指数を聞かれるということはあります。

2　発達障害者に関する法律

A　連邦

発達障害者を対象とした連邦の法律や機関・プログラムには、発達障害者のみを対象としたものと発達障害者も実質的に対象の一部となっているものがあります。

1　発達障害者を対象としている法律

①発達障害者援助権利章典法（ＤＤＡ）

まずあげられるのは、厚生省(Department of Health and Human Services)、児童家庭局(Administration for Children and Families)の下部機関である発達障害課(Administration on Developmental Disabilities)が管理している、「発達障害者援助権利章典法」(Developmental Disabilities Assisatance and Bill of Rights Act) です。これは、略して、ＤＤＡと呼ばれています。この法律は、発達障害者の権利を明記し、発達障害者対象のサービスがその権利を尊重したものでなければならないことを規定しています。さらに、サービスを提供する主体である各州政府、民間団体、大学研究機関などへの補助金交付について規定しています。以下はその主要な部分の抜粋です。

障害は人間の経験として特別なものではなく、それがあるからといって発達障害者が自立生活を享受し、自己決定権を行使し、自分で選択し、社会に貢献する権利やアメリカ社会の経済、政治、社会、文化、教育面での完全なる統合を経験する権利を失なっていいというものではない。

［第一〇一条(a)-(2)項］

発達障害者に以下のことがらを行うための支援と機会を提供することは、国家が行うべきことがらのひとつである。

(1) 当事者が自分の人生に関する選択・決定を行う。その際、当事者は、どんな選択があるかあらかじめ知らされている状態でなければならない。

(2) 自宅や地域社会に住むこと、そこで市民としての権利を行使できること。

(3) 個人にとって有意義かつ生産的な生活の実現を追求すること。

(4) 家族や地域社会、州、国に貢献すること。

(5) 社会への完全統合。

［第一〇一条(a)-(10)項］

この基本方針にもとづいて連邦発達障害課は以下のような業務を行っている。

(1) 各州の発達障害審議会に補助金を提供。この審議会は当事者中心、サービスの受け手中心のシステムづくりをする。

(2) 各州にあるプロテクション・アンド・アドヴォカシーという非営利団体に補助金を提供。この団体は発達障害者の人権擁護、法律上の権利の擁護・弁護を行う。

(3) 国内にある大学所属の研究所に補助金を提供。ここは、発達障害者関連の研究・調査、教育活動を行う。

(4)　以上の機関に必要と思われるデータや情報を収集する努力を奨励する。〔第一〇一条(b)項〕

発達障害課から補助金を受けた機関で行われる活動は以下の原則に従うものとする。

(1)　発達障害者は基本的に自立生活を実現する能力や社会に貢献する生産性、それらを社会に統合する力があり、いわゆる重度の発達障害者もこの例外ではない。

(2)　発達障害者やその家族の意思の尊重とそれぞれの発達障害者の個性の尊重。

(3)　どんなサービスを受けるかを決めるのは発達障害者とその家族である。また、サービスの方針づくりにおいてもこの二者は決定過程に参加する。

(4)　サービスは個々人の文化的背景や意思、人間としての尊厳を尊重した方法で提供されなければならない。

(5)　人種・民族マイノリティに属する発達障害者もサービスを受ける権利が同等にある。

(6)　多様化するアメリカの現実に即して、サービス制度をつくるときも人種・民族マイノリティが参加すべきである。

(7)　発達障害者とその家族を地域に統合することはその地域を豊かにすることである。

(8)　地域に住むのに必要な支援を発達障害者は受けることができる。〔第一〇一条(c)項〕

右記以外にこの法律では補助金提供に関して規定されていますが、各州への補助金額は、基本的に、各州の発達障害者人口、就労人口、所得統計、ニーズの度合いにもとづいて決定されます〔第一二五条〕。

一九九七年度の連邦から州への補助金はカリフォルニア州の場合一、一三〇万ドルで、その内訳は発達障害審議会が六三〇万ドル、プロテクション・アンド・アドヴォカシーが三〇〇万ドル、大学関連プログラムが一〇〇万ドルとなっています。発達障害者が最も多いカリフォルニア州への補助金が全米でいちばん大きくなっています。

②精神遅滞者と家族のためのケアプログラム（社会保障法第一九章の規定）

同じ厚生省の管轄で社会保障法（Social Security Act）という法律の第一九章に、精神遅滞者と家族のためのケアプログラム（Intermediate Care Fascility/Mental Retardation Program）が規定されています。基本的には、施設にいる精神遅滞者のために補助金を交付する規定で、発達障害者が地域の機関を通じて補助金申請することにより、交付が受けられるようになっています。

② 発達障害者も対象としている法律・制度

①全障害児教育法

全障害児教育法(Education for All Handicapped Children Act/現在は障害者教育法 Individuals with Disabilities Education Act）は文部省、特殊教育プログラム・オフィスの管轄で、知的障害児に限らず、あらゆる障害児が、必要としている公教育を無料で受けられることと、障害児をできるだけ制約のない環境におくこと（統合教育）を明記しています。具体的には、文部省のプログラム・オフィスが各州（の教育省）に補助金を交付し、州政府は、そのお金を使って非営利の団体にサービス計画の策定、実行を委託しています。補助金は障害児の人口にあわせて交付されます。また、この法律は、発達障害児の個人別の能力やニーズにあわせた個人別教育プランの作成も義務づけています。このほか、全障害児教育法には、教育関連のサービス業務を提供する機関や団体への補助金交付規定が定め

られています

② **補足的保障所得＝ＳＳＩ**（Supplemental Security Income）

社会保障法第十六章規定のＳＳＩ（Supplemental Security Income＝補足的保障所得）は低所得の高齢者（六十五歳以上）、視覚障害者や他の障害者に給付する連邦のプログラムです。一九七四年から実施されています。

給付額は物価を考慮するため、各州によって違います。カリフォルニア州では二〇〇六年四月現在、単身者月額八三六ドル、カップルには一四七二ドル支給されます。

受給者は単身者で二千ドル、カップルで三千ドルまでの流動資産（銀行預金、国債や株、車、債権などを含む）をもつことが許されています（それ以上あると受給資格が失われます）。また、家を所有することで受給資格を失うことはありません。

③ **社会保障障害年金**（Social Security for Disability）

社会保障法が一九五六年に改正された後に追加されたプログラムで、あらゆる年齢層の障害者に年金を提供する内容になっています。ただし給付額は、各々の社会保障税の納付記録によって違ってきますし、ある一定の期間社会保障税を支払っていることが受給資格になっています。一九八六年度八月の平均受給月額は障害者本人が五〇九ドル、配偶者が一三三ドル、子どもが一四五ドルでした。

（訳注・社会保障法＝一九二九年からはじまった大恐慌により、失業者や高齢者が自助努力のみでは生活を維持していくのが困難になってきたため、フランクリン・ルーズベルト大統領が、経済保障委員会の報告にもとづいて議会に勧告し、一九三五年に成立しました。当初の対象は、高齢者、低所得者、視覚障害者でしたが、一九六〇年には、六十五歳未満の障害者に対し社会保障障害年金(Social Security for Disability)が設けられるなど、その後数々の修正がなされています。)

④メディケイド(社会保障法第一九章)

メディケイドは、SSI受給者及び低所得母子家庭対象の現金給付受給者などに無料の医療が提供されるプログラムです。社会保障法第一九章に規定されている障害者の多くがこの制度を利用しています。各州の管轄局が州内の低所得者人口の統計にもとづいて拠出した補助金と同額を厚生省が交付し、これがメディケイド基金として使われます。メディケイドが必要だと思われる個人は、各州に申請します。

⑤職業紹介訓練法

労働省管轄の法律としては職業紹介訓練法があります。これは、経済的に不利な立場にいる十四歳から二十二歳までの人(障害者も含む)に職業技能を身につけさせ、就職先を紹介するという制度を定めた法律です。

(訳注・アメリカ障害者法(ADA)など前記以外にも該当する法律がありますが、この本の内容に直接関係していないので省略しました。)

3 法律(DDA)にもとづいて設けられている機関と補助金

①発達障害審議会

この審議会は各州にあり、連邦からの補助金により運営されています。多様な価値観と文化的背景をもったサービス利用者＝発達障害者のニーズに対応して州内のサービスの開発、調整、ニーズ・アセスメント、当事者の権利擁護、発達障害者サービス計画の策定を当事者主体で行っています。

メンバーは十九人。このうち十人が、各州在住の発達障害者か、その両親、兄弟、後見人でなければなりません。審議会は、計画にもとづきサービスの調整やケース・マネージメントを民間団体に委託しています。この本の原著『遅れを招く環境――制度の中で生き延びるには』も、この審議会が当事者団体であるキャピタル・ピープルファーストに委託したニーズ・アセスメントの報告書です。

②プロテクション・アンド・アドヴォカシー

プロテクション・アンド・アドヴォカシーは、厚生省発達障害課からの補助金によって各州に設立されている非営利団体です。ここでは、

(1)　発達障害者の権利が守られているかどうかの監視
(2)　発達障害者対象サービスに関する情報提供と紹介
(3)　発達障害者の虐待、人権侵害などのケースを被害者の立場から、法律をてこに弁護
(4)　教育分野におけるオンブズマンの提供

などを行っています。

（訳注・現在は精神障害関係の法律による補助金も受けており、発達障害者だけでなく精神障害者を対象とした活動もしています。）

③大学関連プログラムへの補助金

学際的な立場から

(1) 発達障害をもつ幼児の支援

(2) 高齢化する発達障害者の支援

(3) 地域社会、当事者、家族、福祉専門家へのトレーニング提供

(4) 研究活動

などを行っています。

④非営利団体（NPO）への補助金

発達障害者の自立や生産性向上、統合実現に貢献している非営利団体や発達障害者に関する公共政策の研究・策定を行っている非営利団体に補助金が提供されます。一九九三年度には、総額三百万ドルの補助金が各地に交付されました。

B カリフォルニア州

1 ランタマン法

カリフォルニア州の発達障害者を対象とした法律としては、通常ランタマン法と略して呼ばれているランタマン発達障害サービス法（Lanterman Developmental Disabilities Services Act）があります。これは、一九七七年に成立しました。この法律の基本理念は以下の三つに集約することができます。

(1)　発達障害者は、憲法や法律で保障されている権利を、他の人と同じように享受する権利がある。

(2)　同年齢の健常者がおくっているのと同様な日常生活の実現にむけて、発達障害者のサービスは提供されなければならない。サービスの目的は、発達障害者が自立した生活をおくり、世の中の一般的な生産活動に参加し、ごく普通の生活をそれぞれの地域社会のなかでおくることを支援することである。

(3)　サービス提供者は、年齢や障害、文化の違いによって当事者を差別すべきではない。当事者のもつ多様なニーズには対応すべきである。

このような考えにもとづいて、ランタマン法は、以下のふたつの具体的な目標をもっています。

(1)　発達障害者の権利を確立すること。

(2)　州内で提供されている発達障害者対象のサービスが、いろいろな部署から提供されているため、

ステート・キャピタル（カリフォルニア州議事堂）

サービスが重複していたりして混乱が生じる場合もあれば、各部署が十分なサービスを提供していないことに対しての責任を回避する場合もある。こうした状況を改善し、公正で必要なサービスを発達障害者に提供するための調整をはかる。

2 ランタマン法が保障している権利

ランタマン法は、以下の具体的な権利を発達障害者に保障しています。

(1) 最も制約のない環境で治療、居住サービスおよび支援を受ける権利。治療、居住サービスおよび支援は個人の成長の可能性を伸ばすようなもので、可能な限り最も自立した、生産性が高い、普通の生活を目指さなければならない。上記のサービスは個人の自由を守り、最も制約のない環境で提供されなければならない。

(2) 個人の尊厳とプライバシーが守られた人間的なケアを受ける権利。治療、サービスおよび支援は可能な限り最大限通常のコミュニティで提供されるものとする。

(3) 障害の程度にかかわらず、適切な公教育を受ける権利

(4) 迅速な医療とケアを受ける権利

(5) 宗教を信じ礼拝する自由

(6) 社会関係およびコミュニティ活動に参加する自由

(7) 体育およびレクリエーションの機会を提供される権利

(8) 不必要な身体拘束、隔離、薬漬け、虐待、放置を含む危害を加えられない権利

(9) 危険を伴う過程を経ない権利

(10) どこで、だれと住むか、コミュニティにおける人間関係、教育、雇用、レジャーを含む時間の

リージョナル・センターの受付の最も目立つところに、州立病院や居住施設で暮らす発達障害者の権利をやさしい言葉で書いた絵入りのポスターが貼ってあった。権利は知っていなければ守れない！

カリフォルニア州発達障害局の壁にある故フランク・ランタマンのメモリアルボード。議員立法が主流を占めるアメリカでは提案者の名前を冠した法律が多い。

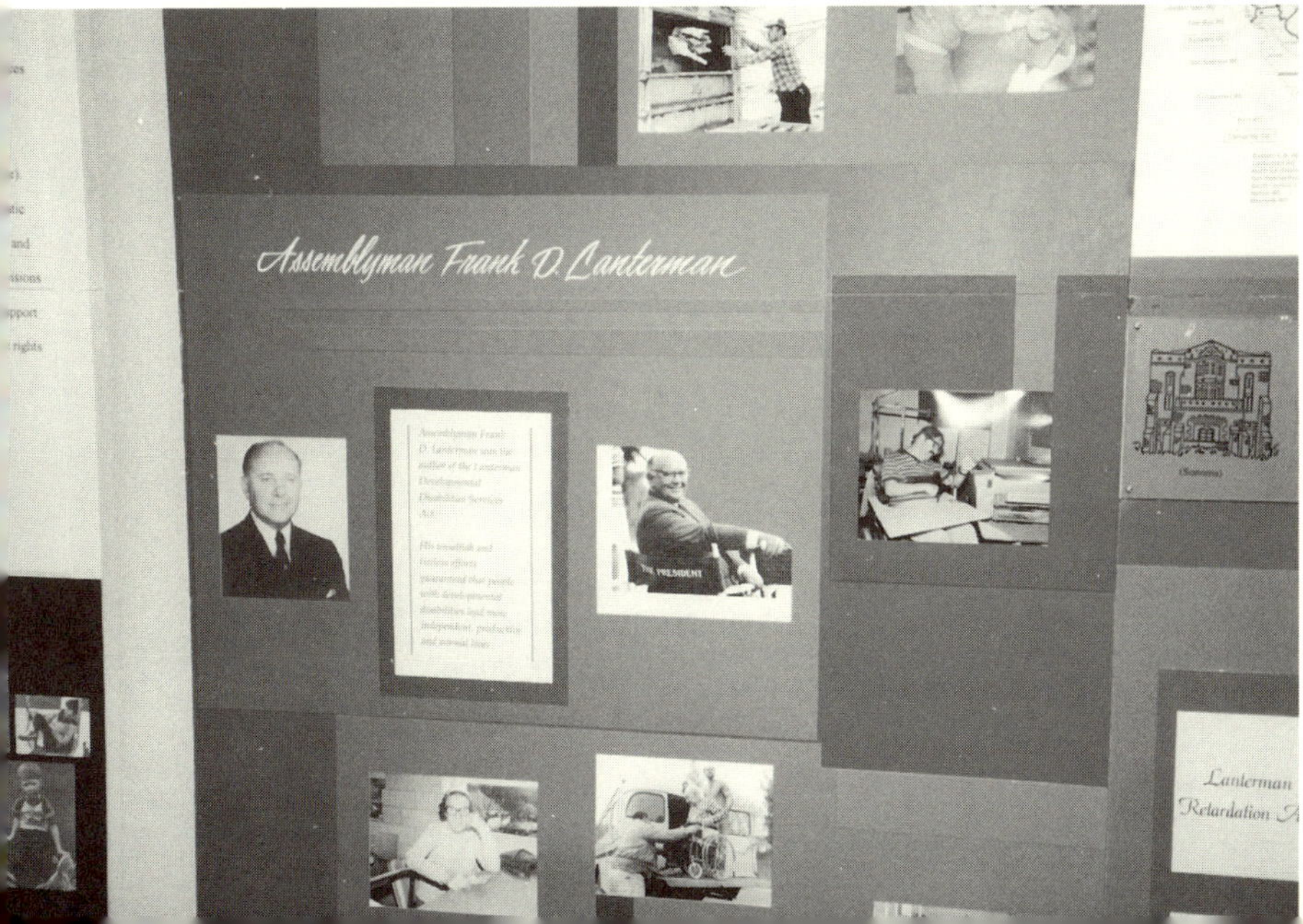

使い方、将来の希望、計画を立て実行することを含む、自分の生き方を選択する権利。

州立病院に入院している発達障害者には、以下の権利が保障されています。

(1) 自分の洋服を着、小遣を使う権利
(2) 自分だけの物を収納するスペースの確保
(3) 毎日外部からの訪問者に会う権利
(4) プライベートな電話をかけたり、受けたりできること
(5) 手紙を出す自由(便箋、切手などを容易に入手できること)と開封されずに手紙を受けとる権利
(6) 電気ショック療法および適切な治療とはみなされないロボトミーなどの脳外科手術を拒否する権利
(7) 痛みやトラウマ(精神的外傷)をひきおこすような行動療法を拒否する権利
(8) 自分の選択にもとづいて友達を選び、病院内のプログラムに参加する権利
(9) その他施行規則記載の権利

3 ランタマン法にもとづく機関

この法律にもとづき、発達障害審議会、リージョナル・センター、エリア・ボードという三つの機関が設立され、それぞれの役割、組織上の規約がこの法律に定められています(図1参照)。

リージョナル・センターは、州の財源により設立され、現実には、発達障害局と委託契約を結んだ民間の非営利団体です。ここは、発達障害者のサービスの窓口となり、常駐のケース・ワーカーが発達障害者個人の相談にのってニーズを把握、必要なサービスのプランと個人別目標を設定します。こ

IPP

州がどのようなサービスをその障害者に対して提供するかを明記した文書。本人からの聞き取りにもとづいて作成され、本人の希望の実現を援助するサービスを提供することとされている。州はここに書かれたサービスを提供する義務を負う。IPP を"本人の達成目標"であるかのように紹介している文書が日本にはあるが、これは誤り。

れが、個別サービス提供計画（Individual Program Plan＝ＩＰＰ）と呼ばれるものです。リージョナル・センターはＩＰＰを作成した後、必要なサービスがどこで受けられるかについての照会・情報提供をします。サービスは民間の非営利団体、行政機関の両方から提供されます。このセンターは、不必要なサービスが発達障害者に提供されないこと、サービスの選択が当事者の意思にもとづいたものであることを現実化するわけです。現在、カリフォルニア州には二十一のセンターがあります。民間非営利団体ですから理事会が運営上の方針づくりをしますが、その五〇％は発達障害当事者かその保護者でなければいけません。

エリア・ボードもランタマン法によって設立されました。これは、発達障害者の基本的な人権や法律で定められた権利がサービスの現場で守られているかどうかを各地で監視する機関です。アメリカには州の下に郡という行政のレベルがあり、四つから八つの郡に一つのエリア・ボードがあります。それぞれの管轄地域の住民、当事者、保護者、後見人など約十二名のメンバーがサービスのモニター役を果たすわけです。これらのメンバーは郡政府か州知事によって任命された人たちです。経費はカリフォルニア州によって払われますが、メンバーの活動自体はボランティアです。

ここで、カリフォルニア州の発達障害者に関連するシステムを簡単に図式化してみました（図2参照）。まず、カリフォルニア州で発達障害者にサービスを提供していると考えられる主な部署として健康・福祉省、教育省があります。健康・福祉省の傘下に発達障害局、健康保険局、社会サービス局、リハビリテーション局があります。発達障害局は、その名が示す通り、発達障害者を対象にしたサービスのみを管理・統括しています。健康保険局は、主にメディケイド関係の補助金業務で発達障害者に関係してきます。社会サービス局は、ＳＳＩ、ＳＳＤＩの支給、自宅介助の行政補助金、在宅支援補助の支給などに関わっています。リハビリテーション局は、職業訓練、雇用促進など、教育省は統

（図１）

カリフォルニア州の発達障害システム
（知的障害者に州のシステムを説明するときの図）

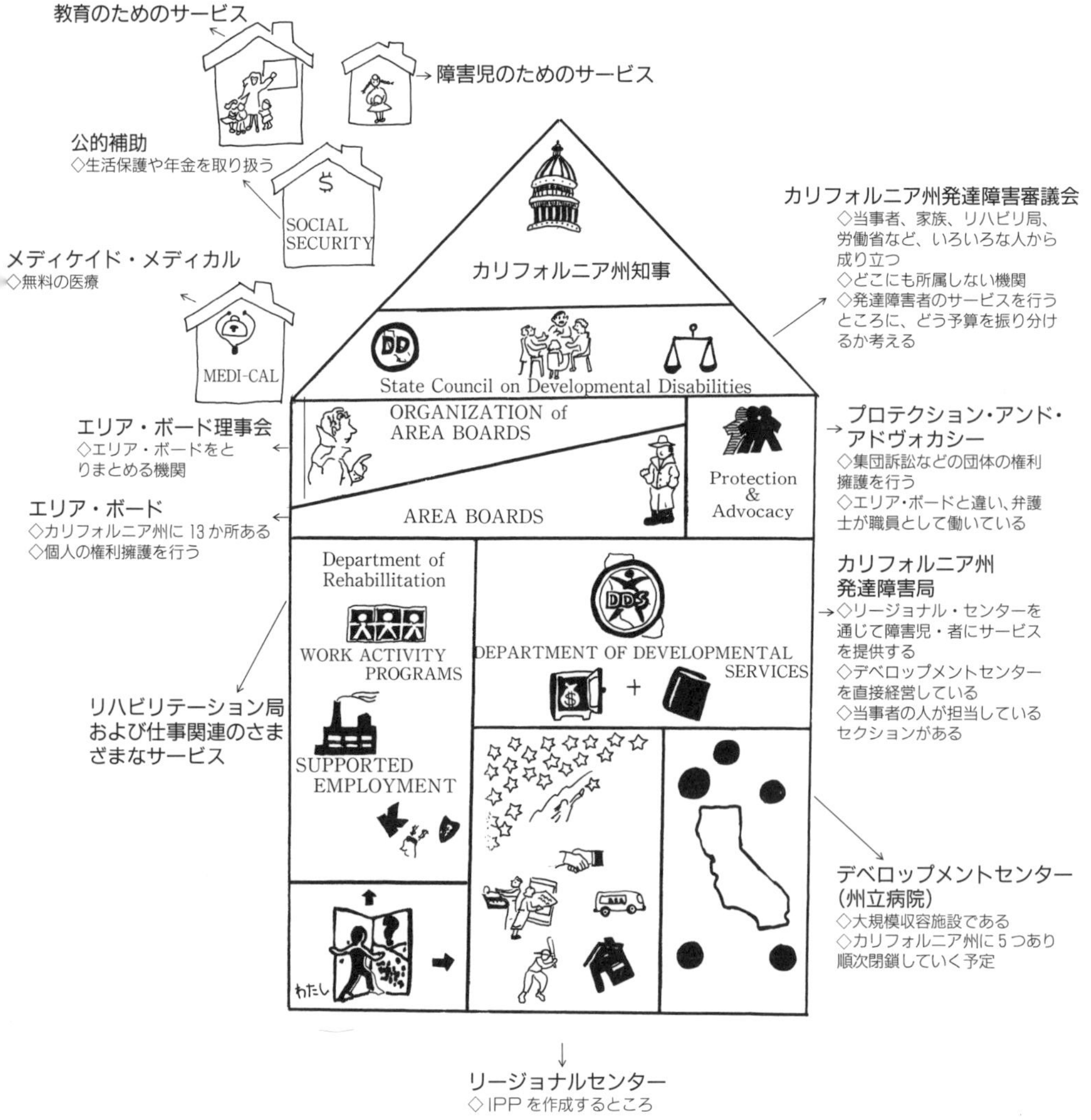

教育のためのサービス
障害児のためのサービス
公的補助
◇生活保護や年金を取り扱う
$
SOCIAL SECURITY
メディケイド・メディカル
◇無料の医療
MEDI-CAL
カリフォルニア州知事
カリフォルニア州発達障害審議会
◇当事者、家族、リハビリ局、労働省など、いろいろな人から成り立つ
◇どこにも所属しない機関
◇発達障害者のサービスを行うところに、どう予算を振り分けるか考える
DD
State Council on Developmental Disabilities
エリア・ボード理事会
◇エリア・ボードをとりまとめる機関
ORGANIZATION of AREA BOARDS
エリア・ボード
◇カリフォルニア州に 13 か所ある
◇個人の権利擁護を行う
AREA BOARDS
プロテクション・アンド・アドヴォカシー
◇集団訴訟などの団体の権利擁護を行う
◇エリア・ボードと違い、弁護士が職員として働いている
Protection & Advocacy
Department of Rehabillitation
WORK ACTIVITY PROGRAMS
SUPPORTED EMPLOYMENT
リハビリテーション局および仕事関連のさまざまなサービス
カリフォルニア州発達障害局
◇リージョナル・センターを通じて障害児・者にサービスを提供する
◇デベロップメントセンターを直接経営している
◇当事者の人が担当しているセクションがある
DDS
DEPARTMENT OF DEVELOPMENTAL SERVICES
+
デベロップメントセンター（州立病院）
◇大規模収容施設である
◇カリフォルニア州に５つあり順次閉鎖していく予定
わたし
リージョナルセンター
◇ IPP を作成するところ

(図2)

カリフォルニア州政府
(関連部分のみ)

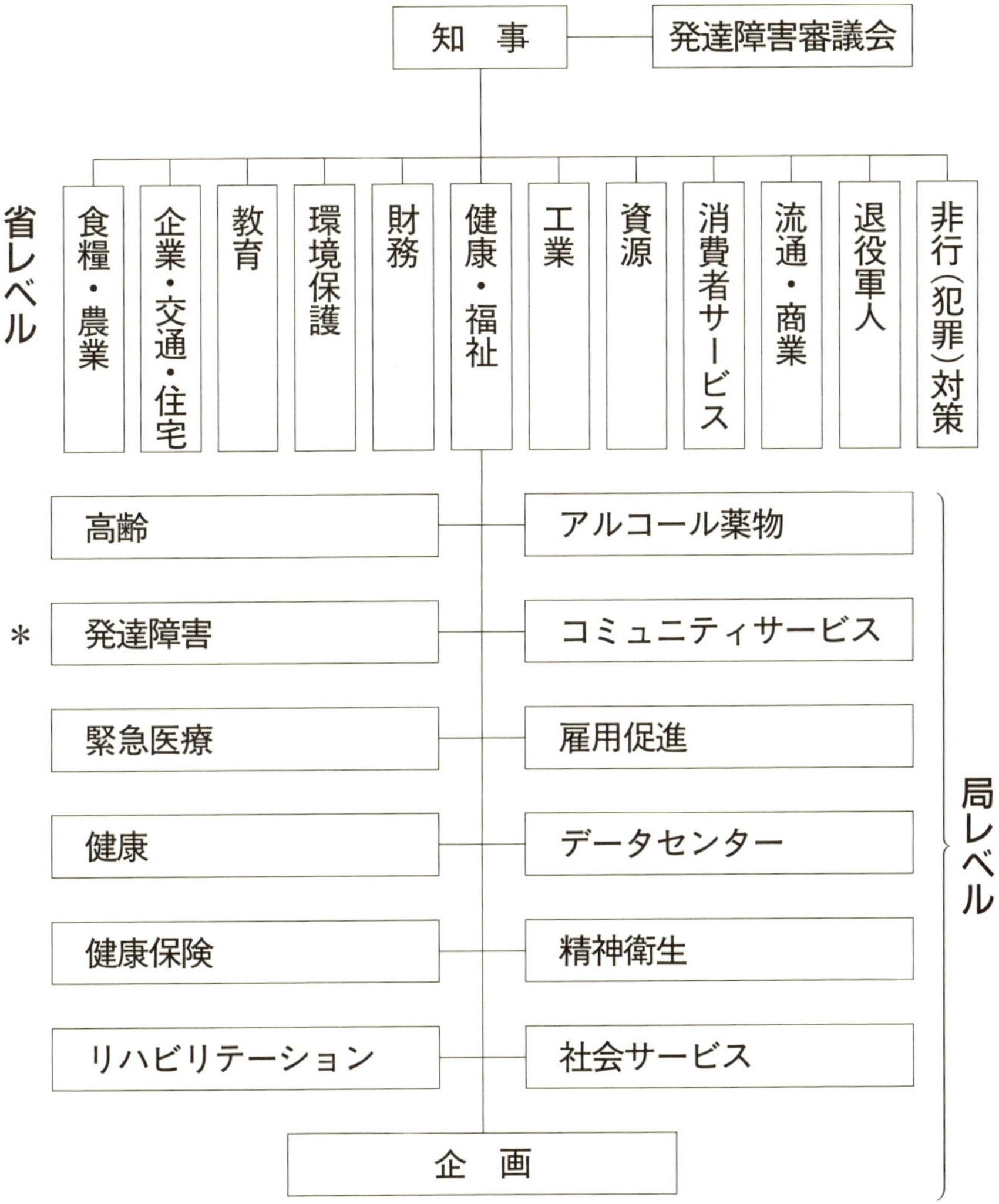

リージョナルセンター一覧

(模様はリージョナルセンターのサービス提供範囲を示す)

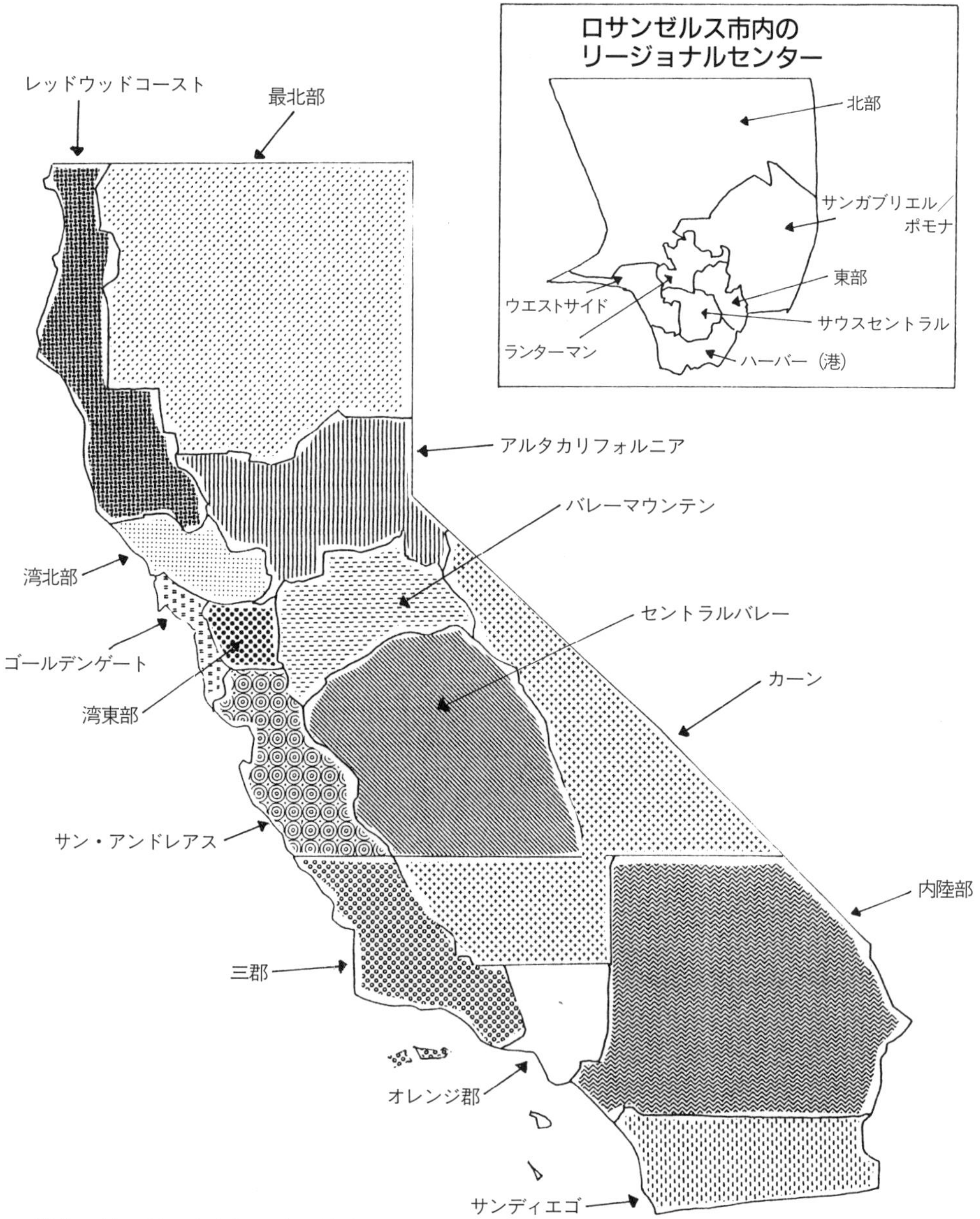

出典：リージョナルセンター協会

合教育の支援に関わっています。これらの部署から独立してはいますが州政府によってつくられたのが、発達障害審議会です。これについては、すでに連邦の項で説明済みですが、どこにも属さず独立した権限をもって、州内の発達障害者対象のサービス調整、監視にあたります。

4 一九九三年の改正

冒頭から今まで紹介したランタマン法の理念と数々の権利は、一九七七年にこの法律が成立した当初からあったものではありません。一九九三年に大幅な改正があったときに書き直されたものです。もちろん、もともとのランタマン法も発達障害者の権利を認めてはいましたが、サービスの現場や発達障害者の現実の生活にはなかなか浸透しているとはいえませんでした。一九八〇年代半ば以降は、サービスの窓口であるリージョナル・センターが官僚化する傾向が見られ、六千四百人余りの発達障害者が州内にある六つの州立病院で暮らしていました。このうち二千九十六人は、地域での生活を希望していたのですが、リージョナル・センター側からのサービスが得られないまま、ウェイティングリストに名を連ねていたのです。いつまでたっても地域に出られない焦燥感を抱きつつたくさんの人々が施設で暮らしていたという状況は、より実効性のある法律が必要なのではという疑問を多くの人々の心に生みました。

そこで一九九〇年に、行政・非営利団体（NPO）・サービス利用者などが「二〇〇〇年にむけてのランタマン法」という会議を開催、今までの問題を明確にする作業をはじめました。加えて、カリフォルニア各地での公聴会で、現状把握と問題提起がなされ、後に紹介するコーフェルト訴訟もはじまり、ランタマン法改正の気運が盛り上がったのです。

そして、一九九二年、もともと障害者の権利確立には理解のあったカリフォルニア州上院議員マッコーカデル氏が議会にランタマン法改正案を提出、審議を経て採決され、翌九三年一月一日から改正法が施行されることとなりました。

新しいランタマン法の特徴は、以下のようにまとめることができます。

- 当事者選択が主体になった地域での支援生活が前提であることを明確化
- サービス利用者（発達障害者）と家族主体のＩＰＰであることを明確化
- 福祉関係者だけでなく、それ以外の専門家、そしてサービス利用者の友人や知り合いも地域での生活を支援することの重要性を明確化
- 発達障害者が恋愛し、親となることも権利であることを明確化
- リージョナル・センターの理事により多くの発達障害者と家族が参加

私たちが現在目にするランタマン法はこうして生まれ変わりました。

5 コーフェルト訴訟

連邦レベルの発達障害者援助権利章典法で確立されたＮＰＯ、プロテクション・アンド・アドヴォカシーでは、弁護士を含むスタッフが、発達障害者の権利擁護のためにさまざまな活動をしていますが、その中に無料の電話相談事業があります。

ある日、ここに電話をかけてきたのは、重度の発達障害をもつ男性コーフェルトさんの父親でした。自分の息子は地域で暮らす権利があるのに、施設で不本意な生活を余儀なくされている、どうしたらよいのか、という趣旨内容でした。

もともとランタマン法がうまく浸透しないことに対して問題意識をもっていたプロテクション・アンド・アドヴォカシーでは、発達障害者の「脱施設化に向けた訴訟の提起」を活動計画の支柱と考え

クラス・アクション

共通の問題をかかえる人々の集団（クラス）を代表して何人かが原告として名を連ねる訴訟。この場合は施設居住者で地域に住みたいと思っている人の集団が原告となった。日本にはこの制度はない。

ていました。相談をもちかけてきたコーフェルト氏の問題は個人的な問題ではなく、社会的な問題でもある。この認識にたったプロテクション・アンド・アドヴォカシーは、リージョナル・センター、発達障害局、同局局長、州の財政局、を相手どった集団訴訟（クラス・アクション）をおこしてはどうかと、コーフェルト氏に相談しました。コーフェルト氏は公務員ですが、その提案に同意し、他の十四名の原告、九百五十名のクラス・メンバーとともに、訴訟をおこす原告側代表となりました。

訴訟の骨子は以下のようになります。

●発達障害局、財政局は地域での生活を援助するサービスの開発に必要な資金提供を怠った。

●リージョナル・センターは、地域生活を支援するサービスの提供を怠り、ランタマン法に違反するような行為を継続してきた。

訴訟の経緯全体を説明することはここでは省きますが、この裁判は四年ほど続き、一九九四年一月に和解というかたちでいちおう終結しました。

和解内容は次のようになります。

●一九九三年七月から一九九八年六月までの五年間で、州立病院居住の発達障害者を州全体で二千人、地域に居住させる。

●ＩＰＰでは、以前は専門家の意見が重視され、発達障害者の欠点が強調されるきらいがあったが、今後は当事者の能力、長所、好み、目標を重視する。

●地域でのサービスの質を高めるためのケース・マネージャーなどの増員に必要な財源を確保する。

●地域での支援生活と里親制度の整備

●緊急時応答サービスを州全体で確立

●サービスの質を保障する基準を確立

一九九六年四月の時点でこれらの和解条項がどのように進行したでしょうか。

●約千五百人の発達障害者がカリフォルニア中の州立病院から地域に移行
●発達障害局が当事者用IPPマニュアルを作成
●リージョナル・センターでは雇用促進のため職員を増員
●地域での支援生活に関する細則を、リージョナル・センターが発行
●里親制度により百十名が地域へ移行
●質の高いサービスに関する二十五の基準を策定

コーフェルト訴訟の結果、施設から地域への移行を具体的な数値目標として提示したことは、サービス利用者・支援者・運動団体から高く評価されています。なぜならこれは、生まれ変わったランタマン法の施行を非常に具体的なかたちとして、人々に示したからです。訴訟が法の施行を促すという点で、とても重要な意味をもった訴訟でした。

ランタマン法の実効性を促すためにも、今後も、この和解がきちんと行われていくかどうかの動向を皆が注目することでしょう。

第3章

「福祉」が自立を阻む

私たちは何げなく「知恵遅れ」という言葉を使い、そういう人たちが何をしても障害のせいにしてきました。しかしレッテルを貼ったり隔離したりしなければ、彼らが「知恵遅れ」らしく行動することもなかったかもしれないと考えると“言葉の怖さ”に愕然とします。この章では『遅れを招く環境』の事例が数多く紹介されます。

発達障害者とそのサービスに関わっている人々がよく使う言葉は、それ以外の日常の会話では全然使われないか、あるいは日常の会話で使われている意味とは違う意味をもっています。この報告書では、これらの特別の言葉が現実にはどういう意味をもっているのか描写しています。けれども、調査チームは、これらの言葉の意味が使う人によってそれぞれ違うということも承知しています。意味や用法という点で、論争の的になる言葉もあるでしょう。しかし、大体のところでこれらの言葉の意味について、ある程度妥当な合意に達することは可能なので、この報告書ではこれらの言葉を使うことにしました。

調査チームは、特殊な言葉に関しては辞書の定義は役に立たないと思うので、この章で説明をしましたが、それ以外の言葉に関しては、適宜、意味をできるだけ明らかにして、わかりやすく説明するよう心がけました。すべての読者が、この報告書を読んだあと一部の人が不快に思っており、論争の的になっているいくつかの言葉について共通の理解を深めてくだされぱと願っています。

1 発想の転換

1 遅れ、知恵遅れ、精神遅滞

脳に障害をもった人たちは、その身体的な損傷によって、身体的に知的に、あるいは感情察知、表現の能力という点で、成長が遅くなったり、成長が妨害されたりします。これらの人たちに、「遅れ」「知恵遅れの」「精神遅滞」というレッテルを最初にはった人は、明らかに社会が障害者を見る目を反映していたといえます。

調査チームが、「知恵遅れ」というレッテルをはられた人たちを対象にしている福祉サービスを観察しているうちに、以下のふたつが問題だということがわかりました。

ひとつは、福祉サービス提供者の多くは、成長が遅いことと成長が全くないことの違いがわかっていない、ということです。したがって、知恵遅れの人々に成長の可能性があると認識したつもりになってはいても、心の底では、知恵遅れの人たちに対して非常に低い期待しか抱いていないのです。そのため、成長の事実があっても信じようとしません。

証言1

ある居住施設で

調査チーム　あとどれくらいで自分の家に移り住むつもりですか。

ジャック（インタビューをうけたグループの代表、当事者）　うーん、あと五年くらいかな。

調査チーム　そんなに先なの？　もう今でも十分やって行けると思うけど。

ジャック　いやー、僕もそう思って聞いたら、あの人たち（施設職員）は五年後だって言うんですよ。僕はまだ駄目だって、あの人たちの話を聞いてたら納得してしまったんです。

証言2

調査チームが訪れた州立病院の玄関にかけられていた看板はまず大きな字で、

「州立病院」

と書いてありました。その下に、ほとんど見えないような小さな字で、

「ディベロップメンタル・センター」

ときまり悪そうに書いてありました。

※（訳注）ディベロップメントには発展する、発達するという意味がある。なかに入っている人の発達よりは収容施設の役割が強いことを皮肉っている。

ランタマン法は、発達障害者の成長を信じ、それを支援するような「発達モデル型サービス」を提唱しています。一方現実のシステムは、これにまっこうから対立し、成長を全く信じない「現状維持モデル」にしがみついています。その結果、知的に「遅れている」という状態を表す言葉は今や「進歩や成長を妨げる、邪魔する、遅らせる」という意味になってしまっています。

ふたつめは、実態調査で明らかになったことですが、サービスを受けていない人の方が、施設収容や人間の価値を低めるようなサービスを受けた人より、良い生活をしているということです。また、本当の発達を促進するサービスを受けている人の方が、従来のサービスを受けている人より明らかによくやっていました。障害の種類や程度を含むすべての条件が同じだとすれば、もっとも普通に近い生活を送れるのは、従来の福祉制度の枠外からの援助を受けている人だということは明らかです。

従って、調査チームは、知恵遅れの人々に対する従来の制度の特徴を表すものとして新しい言葉を提案します。後段でさらに詳しく論じますが、その新しい言葉とは「遅れを招く環境」です。

遅れを招く環境は、州立病院にも作業所にも、養護学校にも、普通校の養護学級にもあります。実に悲劇的なことには、ほとんどすべてのサービスが遅れを招くようなものになっており、さらに悲劇的なことには、「お世話をする人」の態度の中にもそれが見いだされます。

調査チームは、何度も何度も、いかに親が自らの子の成長を阻んだかを聞かされました。

証言3

「お母さんはいつも私と妹に差をつけていました。妹にはやりたいほうだいやらせていたのに、私は何ひとつ思うようにやらせてもらえませんでした。ずっと養護学校に行かされていて、とてもいやだった。みんな『あなたは養護学校に行っているのだから、知恵遅れだろう』と言うの。それもいやだった。みんなが私を馬鹿にして、みんなとは違うって思いしらされてきたんです」

「……ついこの間も、お母さんに『私は知恵遅れなんかじゃない』て言ったんです。妹はもう家を出ていたし私もずっと考えていたんです。『お母さん、私出ていく……』と言ったらお母さんは『え!!』ってすごいびっくりしていました」

「成人学校のカウンセラーは『あなたには仕事なんか見つけられないわよ』って言ったけど……私は家を出て仕事をみつけた。カウンセラーに『あなたが私のことをどんなに悪く言ったって、私はできるんだから』って言いました。そして私はやった!! 成人学校では知恵遅れらしく行動している人がたくさんいたけど、私はいやだった。『私はあんなふうじゃない』って言って、知恵遅れを卒業したんです」

② コンシューマー

現在の発達障害制度にもとづいて、福祉サービスを受けている発達障害者は「プライマリー・コンシューマー（主要な消費者・サービス利用者）」と呼ばれています。また、発達障害をもつ息子や娘、親族などがサービスを受ける必要から発達障害制度に関わるようになった人たち、つまり当事者の親や親族、後見人は、「セカンダリー・コンシューマー（二次的消費者・サービス利用者）」と呼ばれています。

この報告書では、コンシューマーと言う言葉を便宜上使います。というのも、「発達障害制度にもとづいた福祉サービスの利用者」を説明するのに短くて便利な言葉だからです。けれども調査チームの中には、この言葉を使うのは、個人的に非常に不快だという人もいます。

たとえば、これは、なかば伝説化した話ですが、アメリカの東部では、ある発達障害者のグループが、コンシューマーという言葉を認めないという宣言をしたそうです。このグループでは、自分たちのことをコンシューマーと呼ばず、「システム・サバイバー（制度の中で生き延びている人たち）」と呼んでいます。

お店に行ってテレビなどを買う人を「コンシューマー」と呼ぶとすれば、発達障害者たちは、自分たちのことを「コンシューマー」とは考えないでしょう。もし彼らが「コンシューマー」であるとすれば、自分たちが欲している、必要だと思っている、あるいは、有益だと思うようなサービスを選ぶことができるはずです。しかし現実には、発達障害者はお金を出してサービスを買う人ではなく、障害者自身が金に換算できる「商品」にされてしまっているのです。たぶん発達障害者たちは、自分たちを「コンシューマー」とは考えずに、修理に出されたテレビのように思っていることでしょう。なぜなら、修理をする人は、テレビにどこが悪いのか、どのように直してほしいか聞きません。テレビには別に所有者がいて、修理代を払うのは当然所有者で、テレビ自身ではありません。テレビは常に受け身で他の人のされるがままになっているのです。テレビを修理する人(=発達障害制度のスタッフ)にとって、テレビ(=発達障害者)は修理しさえすれば金になる、そういう意味でのみ価値がある存在なのです。

証言4

「私が以前住んでいたところなんか、一回外出して帰ってきたら、出てってくれって言うんです。……ようするに、十分な給料をもらってないからって、……だから家を出て以来、私の面倒をみるために、ちゃんとしたお金が払われているかなぁ、なんて心配ばかりしているの。今でも状況は変わってないけど……。だから、仕事は私にとってとても大切だったんです。『これは私が自分でやったのよ!! 州がやってくれたんじゃない。彼らなんか私の生活の面倒をみてくれなかった。私の面倒をみたのは私よ!!』って言えるようになりたかったの」

「大変なのは、私がどこかに行こうとするたびに、職員が私ではなくてお金を欲しがることなの。私という個人ではなくて、私の面倒をみることによってもらえるお金が目当てなんです……。もうほんとうにいやになっちゃったとき、自立生活プログラムを知って『絶対、自立生活の技術を学ぶぞ!!』って思ったの……最初は、他のプログラムなんかと大して違わないんじゃないかと疑ってたけど……お金のために私に参加して欲しいんじゃなくて、私が施設を出て自分で暮らし、私だってできるんだって自信をもてるように、あらゆることをやってくれた」 ↘

③ ノーマライゼーションからセルフ・アドヴォカシーへ

ランタマン法四五〇一条は、

「サービスおよび支援は、同年齢の健常者が享受している生活にできるだけ近い生活を発達障害者がおくれるようにするものである」

と述べており、そして四八三〇条(b)項は、

「『ノーマライゼーション』とは、事業や方法や呼称を、社会の主流となっている標準的な方法や状況にできるだけ近づけること」

と述べています。

「標準的な」とは何でしょう。調査チームは「成人した男性や女性を『男の子』『女の子』と呼んだり、成人のグループを『子供たち』と呼んだりしないこと」だと考えます。

ノーマライゼーション(正常化、標準化、普通になる)という言葉自体が、適切なのかどうかは別にしても、この言葉には、法律上の定義だけでは語れない意味があります。要するに、ノーマライゼーションとは、ごく普通のことをするという意味だと思うのです。以下のプライマリー・コンシューマーの発言には、ノーマライゼーションを信じて、生きている人たちの感じていることがよくあらわれているので紹介しましょう。

証言5

「高校最後の年に、学校がみんなを旅行に連れていきますよね……担任の先生が『あなたの名前もリストにいれましょう』って言ったんです。↘

↖私は『行けない。お母さんが行かせてくれないとおもいます』って言いました。そしたら先生は『とにかくお母さんに聞いてごらんなさい。

聞いて損するわけでもないし』と言ったんですよね。だから私は家にかえって、今回は最後の年だし、みんなと一緒に旅行に行きたい、みんな行くのよって言ったんです。そしたらお母さんは私を見て『だめ』って言ったんです。『お母さん、学校最後の年だし、みんなと一緒に旅行に行きたい』そしたらまた『だめ』って。『何で行っちゃいけないの、何か理由あるの?』って言ったら、『別に。ただ道に迷うとかそんなことがあるだろうし。とにかくこれ以上その話は聞きたくないわ』と言われました」

「……とにかく私はものすごく、その旅行に行きたかったので寝込んでしまいました。ほんとに病気になったんです。先生がわざわざ、クラスのみんなで寄せ書きしたお見舞いカードを持ってきてくれました。みんな私に『学校に来て欲しい。旅行に行きましょう』と書いてきました。ほんとうに行きたかったので病気になった↓のです。先生はお母さんと話すために台所に行きました。先生が『私が責任を持ちます』と言うのが聞こえました」

「……私はすごくうれしくて興奮しました。お母さんは、買い物に連れていって旅行用の服を買ってくれました。お母さんとお父さんが私がバスに乗るまで見送ってくれました。私はそのとき『あー、これで今度は先生が日曜学校みたいに私の面倒をみるんだな、…先生が私の影になって（訳注・あとをついてくる）』って思ったんです。だけど、先生は、私がバスを降りたらこう言うんです。『他の子と一緒に行って楽しんでらっしゃい』。私はどうしていいかわかりませんでした……だからただ行きました。鳥みたいに感じる。自立生活の、自由の、一番最初の瞬間でした。最高でした。私たちは砂浜にいきました。靴を脱いで駆ける。ほんとに砂の中、水の中を走ったんですよ。家には帰りたくなかった」

何年か後、この人はひとり暮らしをするようになり、ピープルファーストのメンバーになりました。

証言6

「お母さんは『あなたの新しい友達と私とどっちが大切なの』ってよく言います。私は『お母さん、お母さんのこと愛してるけどあの人たちもすごく大事なの……だって私も他の人たちを助けることができるようになったのだもの。誰かが私のことを助けてくれて、そのおかげで、私の人生に感動が生まれたし、私も成長できたのよ』って言います」

「私は世の中を悪くとっていました。本当に時間を無駄にしていたと思います。最初に町に出たときは、誰かが『スリップが見えてる』って言ったので泣いてしまいました。それほど、繊細だったんです。わかります？　いまだったら同じことを誰かが言っても『可愛いスリップでしょ』とか何とか言ってごまかしてしまえるけど……今は全然そんなこと気にならないんです……今は、(発達障害者にも)権利があるんだということをほかの人に伝えて理解して、感動してもらいたい。権利があると思ってない人がいるんです。(他の発達障害をもつ人々は)私にとってとっても大切な人たちです。だって前は自分ひとりが世の中で不完全な人間だと思っていたんです。ほんとにそう思ってたんです」

証言7

州立施設の集中治療棟の外で

「もし私が実際より十年早く生まれてたら、死んでいただろうってよく言われました。家でも、州立施設でも、いろいろな施設をたらいまわしにされたときも、ずっと思っていたのは、誰も私のことをほしくないんだってことなんです。そんなふうに思われて暮らしてるよりは死んだほうがよかったとよく思いました。だけど私という人間を好いてくれる人もいるし、身のまわりのこともできるし、ひとりで住んでいるし、自分も一人前だと感じています。……今は自立しているので、他の人を助けることができるようになりたいと思います。生きててよかった」

社会または文化が何に価値をおき何を軽んじているかを基準にして人々の行動をみれば、ランタマン法の精神をより理解しやすいという人がいます。たとえば、知的障害の人が自分の感情面に問題があるから、カウンセリングを受けたいと思ったとします。ところが、知的障害の人はそんな問題をもつはずがないとカウンセラー、あるいは地域の精神衛生事業者が決めつけてカウンセリングを拒否した場合、それは知的障害の人々を軽んじることを容認したことになります。また、十二歳の子どもがボーイ・スカウトになることは、社会的にも文化的にもおかしくないし、価値あることとしてみられますが、三十五歳の大人をボーイ・スカウトに参加させる（訳注・発達障害者にはよくあること）のは、大人を子どもとして扱っていることになります。

知的障害の人々を団体で映画やボーリングに連れていくということは、映画やボーリング自体はごく普通の社会的行為ですが、周りにいる人たちに『知恵遅れの人たちはああやって群がって行動しないといけないんだ』と思わせるので、侮辱的な扱いであるといえます。差別とは、通常の社会環境のなかで、障害のない人と積極的に交わることから隔離され、モノか家畜の群れのように管理されることによって人間性をおとしめられることです。施設への収容も同じことです。

以下の会話は、ある施設で暮らす四十歳くらいのX氏と当事者の親を含むさまざまな背景をもつ調査チームのメンバーとの間で交わされた会話です。

証言8

X氏　このホームでは、職員がみんなを管理していて常にみんながどこにいるか知ってなきゃいけないんだ。だから、もしこの施設に入っている人がどこかに出かけるときは必ずノートに名前を書かなきゃいけない、ちょっと散歩に出るときにもね。職員はお金（個人的な収入とかたまに入ってくる生活補助）を預かって安全なところにしまってくれているんだ。

調査チーム　じゃあ、もし名前を書いて映画に行きたいから五ドルほしいって言ったら、駄目って言う人がいるんですか？

X氏　ええ。たとえば、何か悪いことをしたら、他の子どもをぶつとかした場合は、職員は罰を与えることができるんです。一カ月間、町に出ちゃいけませんとか。

調査チーム　発達障害者は、自分で自分のことを考えたり、自己主張できないと見られてきたからね。だから両親とか先生とかカウンセラーとか政府が代わりに決定を下してきたんだよね。→決定をしてそれで「あなたの人生はこうです。もしホームに住みたいんだったら昼間はこのデイ・ケアに行きなさい」、じゃなかったら「毎週日曜日には教会に行くんですよ」とか、「あなたは毎晩九時に寝て毎朝七時に起きるんですよ」って言われるんだ。自分の部屋の鍵が持てる場合もあるし、持てない場合もある。大部分のアメリカ市民には、こういう決まりを押しつけられることはないんだ。特に十八歳以上の大人にはね。

調査チームは、罰のさまざまな例を知りました。もっともよくあるのはなんらかの形での監禁です。けれども、そういった罰を憲法違反かもしれないと気づいている発達障害者は、残念ながら、調査を通じてひとりもいませんでした。もし罰自体が法の許す範囲内だったとしても、ランタマン法には、発達障害者の権利を奪うようなことはどんなことであれ書類にし、正当であるかどうか調べ、かつ州の発達障害局長に報告しなければならないと明記されています(ランタマン法四五〇四条)。しかし、そのことを知っている発達障害者もひとりもいませんでした。

発達障害者がおとしめられ、施設に収容され、普通でないことを強いられ、隔離されるといった遅れを招く環境から、脱出することは可能です。けれども、そもそもどうしてこんな罠にはまってしまったのだろう、という疑問が残ります。

証言9

障害者を一般の職場で指導しているマネージャー

「あまり社会経験がない人をおなじく経験に限りがある人と一緒にして、ちゃんとやれっていうほうが無理ですよ。だってどうしたらいいかわからないでしょ。私がどこかで聞いたプログラムでは、お金のほしい大学生に『家賃を（約二千か三千ドルくらい）払いますから発達障害者のルーム・メイトになって下さい。ただし、一週間に二回は一緒に何か社交的なことをする、週に最低三回は一緒に御飯を食べることが条件です』というのがあって、そのプログラムに参加したいという大学生が列をなしたという話ですよ。こうすれば、男性の発達障害者も女性がまわりにいるときにどうふるまったらいいかとか、あんなことやこんなことが起きたらどうしたらいいかとかわかるわけだし、大学生の方も発達障害者と同じくらい貴重な経験をするんじゃないかな。作業所で『さあ社交についてのクラスをやりましょう。皆さん七号室で社交の授業を受けましょう』なんていうのよりよっぽどいいと思いませんか」

〈訳注〉ノーマライゼーションとセルフ・アドヴォカシー

知的障害があるからといって、社会の中でごく普通とされていることができないというのは理屈にあいません。そういう意味で、ノーマライゼーション（障害のない人と同じように生活する）という言葉が、知的障害者を解放するキーワードのひとつとして登場しました。しかし、ここで紹介したような証言を読んでおわかりのように、障害者が普通に生活できるようにするには、まわりにいる人々が認識を新たにすることや社会が環境を整えることが必要です。ノーマライゼーションというと、障害者自身が普通の生活を送れるように努力しなければいけない、当事者が社会にあわせるという解釈をしている人もいますが、それは誤解です。

一九八〇年代のアメリカでは、福祉の専門家たちも競ってこの言葉を使いました。ところが、この言葉の本来もっていた意味がしだいに失われ、誤解の部分が肥大していくようになりました。たとえば、知的障害者の成人グループをまとめてボーリング場につれていって「遊ばせる」ことが、なぜかノーマライゼーションと呼ばれるようにさえなってしまったのです。つまり、普通にやっていることと同じこと（やり方は問わない）をやっていさえすればノーマライゼーションだということになってしまったのです。

そのため現在ではノーマライゼーションという言葉は、アメリカでは影をひそめています。これに代わって、「セルフ・アドヴォカシー」が今や知的障害者やサービス専門家の間でキーワードになっています。「セルフ・アドヴォカシー」は、直訳すれば「本人による本人のための権利擁護」ということになりますが、こういう表現だと、政治的ニュアンスも感じられ、やたらに小難しい印象を与えます。しかし、この言葉のもつ真の意味は、次のような簡単な英語に集約することができるのです。これは、「序にかえて」で紹介したトムやコニーを支援しているボブ・ローゼンバーグの言葉です。

It's OK for you to feel in a certain way.

「何でも自分が感じることや思うことを大切にしていいんだよ」とでもいいましょうか。「遅れを招く環境」によって、多くの知的障害者は、自分がまるで価値のないもののように思いこまされて、自らの感情や考えに全く自信がもてなくなります。知的障害者がこのように失われた価値をもういちど取り戻し、人格ある人間として存在するためには、まず、自分の感情や考えを肯定し表現することに自信がもてるようになることが必要です。これなくして、自分の人生における選択・決定を自分の意思で行い、自立していくことは難しいでしょう。セルフ・アドヴォカシーとはこのレベルからはじま

カリフォルニア・ピープルファースト全州会議の風景。権利、仕事、家、結婚等について昼間しっかり議論したら、夜はお楽しみタイム。夜明けまでディスコで踊りあかす人も(写真上)。相手がいない人のためには親切にもディスコが始まる前にデートゲームが開かれ、相手探しをお手伝い。

ることなのです。ここから出発して初めて、当人のペースにあった自己主張を覚え、自分の権利を擁護するような行動にでることができます。

しかしセルフ・アドヴォカシーも、もてはやされるあまり、すでにその本質からかけはなれた状況をも生み出しています。知的障害者の親や福祉専門家及びアドバイザーの中には管理者や独裁者になってしまい、当人の感情解放が行われる前に、お仕着せの「セルフ・アドヴォカシー」を知的障害者に教え込むという状況がときどき見受けられます。その結果、言われるままに「自己主張」するロボットのような知的障害者優等生（あやつり人形）がいることも事実です。キャピタル・ピープルファーストは、このようなえせ「セルフ・アドヴォカシー」には絶対だまされないと主張しています。

〈訳注〉キャピタル・ピープルファーストの位置付け

キャピタル・ピープルファーストは、数あるピープルファーストの中でも純粋な形でピープルファーストの思想を実行しているグループです。多くのピープルファーストが、発達障害者の自己決定権や自己主張の促進を主張してはいますが、メンバーである発達障害者は、専門家の考える自己主張や自己決定を受け入れているだけで、真の自分の感情や意思が育っていません。これはピープルファーストを名乗りながらも、指導する者としての福祉専門家と指導される側の当事者という力関係が変化していないからではないかと考えられます。

これに対して、キャピタル・ピープルファーストは、発達障害者の真の意味での自己解放と成長をめざし、福祉専門家や制度からの抑圧や支配をできるだけハネのけるようにしてきました。規模が大きいわけでもありませんし、資金が豊富にあるわけでもありませんが、コニーやトムのように自己主張を身につけたリーダーが順次育ってきています。

④ 自立

「自立」。この言葉は、発達障害者にとって雇用者の「あなたを採用します」という言葉に次いで、他のどの言葉よりうれしい言葉であり、夢がふくらむ言葉です。私たちが住んでいる文明社会では、他の人の親切やサービスを必要としないで生きている人はいません。他の人の親切やサービスを必要としないことを自立というなら、自立している人は、この世にひとりもいないでしょう。ここでいう自立とは、どれだけ発達障害者が自分の人生を管理できるかということです。重度の身体障害をもったある人の証言を、もう一度ここで繰り返しましょう。

証言10

「仕事は私にとってとても大切だったんです。『これは私が自分でやったのよ!! 州がやってくれたんじゃない。彼らなんか私の生活の面倒をみてくれなかった。私の面倒をみたのは私よ!!』って言えるようになりたかったの」

生活状況の違いにもよりますが、プライマリー・コンシューマー（サービス利用者）は、健常者がほとんど意識していないようなちょっとした活動や知識を自立のあらわれと見ています。

自立とは、いつでもステレオのスイッチを入れて音楽を聞けること。

自立とは、自分で支払いをしなければならないことを知っていること。

自立とは、どこかへ行きたいときにどのバスに乗っていったらいいかわかること。

自立とは、自分だけの部屋があること。

自立とは、定期的に収入が入る仕事があること。

自立とは、弟に会いたいときやクリスマス休暇で弟の家族に会いたいときに、保護者や後見人にいちいち許可をもらわなくてもいいし、駄目と言われることもないこと。

調査チームのメンバーは互いに支えあうことによって、各人が強くなっています。ピープルファーストの存在意義もここにあります。しかし、この強さの一部は、人間関係が出入り自由(知り合ったり離れたり自由にできる)ということからきているのです。もちろんピープルファーストの仲間はお互いを必要としていますが、常に一緒にいるのはいやなのです。たいていの大人は、人間関係をつくるに当たって、比較的広範囲の人を対象にすることができます。少なくとも学校や仕事を離れたところでのつき合いをもつことができます。普通は、いつ何を食べるか、どんな娯楽を楽しみたいのか、自分で選べます。寝たい時間に寝ることもできます。ところが、このようなごく普通のことが、施設収容によってできなくなってしまうのです。したがって施設にいた人はいざ、やりたいことができる機会が与えられても、自立して行動する能力を失うか、失ってしまったように見えるのです。

ある自立生活プログラムのトレーナーは、発達障害者に自立のしかたを教えるのは非常に大切だが、それと同じくらい大切なのが、心理的に他人に依存することに馴らされた人をその悪影響から立ち直らせることである、と述べています。

カリフォルニア・ピープルファーストの事務所があるビル。
古い街並みを保存したオールドタウンの中にある。

証言11

居住施設でのインタビュー

調査チーム　もし、みんなが変えてほしいと思う規則があったら、それについて相談できるカウンセラーはいますか。

グループ・リーダー　私たち、一回そういう会をやったんですけど、誰も来なかったんです。施設の管理者が「もしここの住人が気に入らない決まりがあったら委員会を自分たちで作ったらどうなの」って言ったので、それでやったんだけれども、誰も来なかったんですよ。

調査チーム　どうして?

グループ・リーダー　もし、気に入らないことがあると発言したら、職員が仕返しに罰を与えるんじゃないかと、恐れていたからだと思います。この会をやったときに、職員がひとり会合に来たんだけれども、ほかのみんなはただじっとその人のことを見つめてしまって、それで、その職員もいやになってしまったみたいで、会議はなんとなくそんな感じでおわってしまったんです。ところが一歩部屋の外に出ると……みんな二十四時間ぶっつづけでブツブツ文句を言ってました。自分たちのために行動を起こそうとしない人たちを相手に何ができるっていうんでしょう?

5　自立生活の財政基盤

現在、発達障害者の多くを経済的に支えているのは補足的保障所得（Supplemental Security Income=SSI）です。これは、かつて存在したAid to the Disabled（訳注・障害者扶助、障害者を対象とした生活保護のようなもの）という公的扶助プログラムの名残りで、個人の収入と財産の査定にもとづき、扶助が必要だと判断された場合、連邦と州政府からあわせて月額六百ドル（現在は七百ドル）くらいのお金が支給されます。もうひとつ、SSIの受給資格のある人々への医療補助が、メディ・ケイド（Medi-Caid）と呼ばれているものです。カリフォルニア州では、メディ・カル（Medi-Cal）という名称で呼ばれています。

SSIには複雑な規則がともなっていますが、むしろここで問題にしたいのはこういったシステムが知的障害者の自立達成を阻むものになっているかどうかということです。

このシステムでは、財産が千五百ドル（訳注・現在は二千ドル）を超えるとSSI、メディ・カルの受給資格を喪失します。また収入があるとその分減額されるようになっており、限度額を超えるとやはり受給資格を喪失します。

また、一度SSIの資格を失うと再び受給資格を取るのが非常に困難になります。障害者が施設に住んでいる場合、SSIの小切手は当人にではなく、施設宛に送付されます。つまりSSIは施設運営側にとって貴重な収入源になるのです。居住者の受給資格が失われることは施設側にとっても大問題です。そのため知的障害者がSSIのような公的扶助に依存している場合、施設は受給資格が失われないように非常に気を遣うことになります。自立をめざす場合、安定した収入を得られるようになるまでに時間がかかり、その間どうやって生計をたてるかが問題になります。SSIはその間の面倒をみてくれるわけではありません。

施設居住者　私の場合、千五百ドルを超えそうになったんで施設職員が早く使いなさいって言うんですよ。だからしょうがなくて、くだらないものにお金を使ったわけです。

調査チーム　必要なのは、障害者が将来に向けて投資できるシステムだとは思いませんか？

施設居住者　でも、私たちには投資もできないんです。

調査チーム　できますよ。アンチックの家具を買うとか、オリエンタル・ラグなんかは投資の対象として非常に良いですよね。

施設居住者　一年に一回あの人たちが来て、個人の資産なんかに関する質問をあれこれして……それで、ここにいる私たちは、くだらないものを買いにいかなきゃならないんですよね。ある男の子は親になんか買ってもらったんですけど、そのおかげで受給資格がなくなってしまって。仕事にありつけたとしても、いくらお金が入るのかあらかじめ知っておかないと、もしお金があまり入りすぎると受給資格がなくなってしまいます。もしその後失業でもしたら失った資格を取り戻すのがまた一苦労なんです。仕事をしろって言われているけど、すると資格がなくなるし、医療補助などすべてを失ってしまうし、最悪ですよ。だから、仕事をする力はあっても仕事をしないようになってしまうんです。給料だってそうたいしたものではないので、こう思うのも無理はないんですよ。

調査チーム　個人別退職年金（Individual Retirement Account＝IRA）の制度が適応されるというのはどうでしょうか？　これはつまり非課税の投資ですよ。ビジネスマンはよくやりますよね。税金で取られちゃうだろうと思われる分を投資に回すわけです。

証言12

ＳＳＩは、実は障害者の貧困を維持する要因になっていること、障害者の勤労意欲を失わせていること、公的扶助に依存させていること——調査チームは各地でこれらの話を耳にしました。だから、「発達障害者だったら知恵遅れというレッテルをはられるし、まあ貧乏で一生終わるだろうな」と頭から思いこんでしまうのです。

調査チームのメンバーは、その解決策として、ＩＲＡの適用を真剣に考えなければならないと思ったのです。ＳＳＩ受給者への課税は、実は政府が公的扶助制度を維持するため、コスト・ダウンするための方策です。政府は、経済的に余裕のある人からの税収入を余裕のない人に配分していく義務があります。しかし、それと同時に政府はコストを下げるという義務もあります。障害者がＳＳＩに依存するための努力をしてしまうこと——受給者が資格を失わないように収入・財産の限度額を超えそうになると、その分をくだらないことに費やすという悪循環——これが一番問題なのです。

正しい種類の励ましがあれば本来自立する能力のある人たちが、ＳＳＩの不備のために依存からぬけられないというのは、税金の無駄使いです。可能なときには、いつでも自立できるようになっているというのがすべての障害者サービスの目標です。そのためにもＩＲＡの適用はとても良いアイデアだと思います。

ＩＲＡは、年間の貯蓄額上限がきまっていますが、預金するときには税金がかかりません。いったん預金されたものは、満期になるまで引き出せませんが、預金するときに税金がかからないという利点により、今一生懸命働いて後で楽をしようという気持ちが働きます。さらに最終的に残ったお金は、個人の自立生活を支える大きな基盤になります。この方式を採用すると預金をすることが自立生活の確立と維持につながるという理由で、貯蓄率が高まり、ひいては国全体の生産性の向上と経済に良い影響を与えます。また、多くの人々がこの預金システムを利用し、将来にそなえていれば、行政に対し年金などをさらに充実させろというプレッシャーが少なくなります。

これらの利点を生かしたシステムを、ＳＳＩに依存している障害者が利用できるようにしたらどうでしょうか。政府にしても、このようなシステムがあれば、各種公的扶助の効率よい運営にそれを生かすことができます。名称としては、個人別自立生活預金(Individual Independence Account＝ＩＩＡ）などがお勧めです。

知的障害者はSSI制度のもとで、収入・資産・財産の上限を超える余剰分をくだらない物を買うお金に使ってしまうのではなく、このIIAに預金するのです。年間の預金上限を決めるのもそう難しくないでしょう。基本的にこのIIAはIRA（個人別退職年金）と同じように税金控除の対象になり、引き出しは満期終了まで不可能です。ただし、個人の自立生活達成に役立てるために特別引き出し枠というのを設けます。たとえば、職業訓練プログラムに入りたいが、手元のお金もないし、行政の補助もない。そんなときはIIAからの引き出しを可能とします。あるいは、仕事の関係で車を買わなければいけない場合も、特別枠として考慮されるべきでしょう。もうひとつの可能性として考えられるのはこのIIAの資金を知的障害者による自営業の資本金として使うことです。私たちキャピタル・ピープルファーストが考えたのは当事者資本による居住施設経営です。当事者はこういった施設のニーズを的確に把握しているので好都合ではないでしょうか。

現在の、にっちもさっちもいかない状態から知的障害者が脱出するにはこれは良い方策です。連邦厚生省生活保護管理局で運営しているプログラムに「自助達成プラン（Plan for Self Support＝PASS）」というのがあります。たとえば、ある障害者（知的も含む）がコンピュータ・プログラマーになりたいという職業目標をもったとします。この目標の実現にはコンピュータのクラスを取らなければなりません。今、アルバイトをしている仕事の収入を、そのクラスを受講する授業料に使いたいとします。従来のSSIシステムでは、収入が入ればその分給付は減りますが、この自助達成プランで行政の許可を得ればSSIは最大四年間削減されません。

知的障害者の自立の経済基盤を確立するためにこの自助達成プランを発展させ、さきほどのIIAのようなものにしていくか、あるいは組み合わせるのもよいかもしれません。いずれにしても、SSIへの依存を断ち切る必要性があることはわかっていただけたでしょう。

2 セルフ・アドヴォカシーのふたつのモデル

セルフ・アドヴォカシーといっても、人によって解釈や実践の方法が違っています。そのことを理解していただくために、セルフ・アドヴォカシーを実践するふたつの異なるモデルを紹介しましょう。これは、キャピタル・ピープルファーストが今まで全国各地のピープルファーストと議論してきたこと、およびオレゴン大学の分析によるモデルなどを材料に話し合ったことから生まれました。

1 支援者が教えるハビリテーション・モデル（Habilitation Model）——▲

Rehabilitation（リハビリテーション）という言葉はみなさんよく耳にされるでしょう。これには、「元に戻す、復帰」という意味がありますが、ハビリテーションは「供給する、資格を与える」という意味になります。

セルフ・アドヴォカシーにおけるハビリテーション・モデルを集約すると以下のようになります。

(1) 福祉サービスの一形態としてセルフ・アドヴォカシーを取り入れる。すなわち、知的障害当事者が自分のもっている権利を理解し、自己主張を習得することおよび、一般社会で暮らしていけるようになるための社会化訓練、人とのコミュニケーションのしかたを習得することなどを、福祉サービスの一環として教える。

(2) セルフ・アドヴォカシーを教えるのは現存の福祉制度内での専門家か、当事者主体ではない団体（たとえば全米遅滞市民協会＝American Association of Retarded Citizens）である。

(3)　セルフ・アドヴォカシー訓練の受け手は知的障害者のグループである。訓練は効率を考えて居住施設や、職業訓練施設、作業所など知的障害者がすでに集まっているところで行う。

(4)　年次大会を開くことが大きな目的になる。大会では他のグループとの交流をはかる。

このモデルの利点は以下の四つです。

(1)　福祉サービス制度の中にセルフ・アドヴォカシーの訓練が統合されているので、訓練に必要な資金が拠出しやすい。

(2)　セルフ・アドヴォカシーの「支援者」は既存の福祉専門家であるので、支援者を探すことが容易になる。

(3)　多数の当事者にアクセスできる。

(4)　集まる場所の確保が容易である。

しかし問題もあります。

(1)　福祉サービスの中にセルフ・アドヴォカシー訓練が取り入れられるということは、訓練を受けることが義務化されるおそれがある。そうなると、パターン化されたセルフ・アドヴォカシー訓練が知的障害者の個性を無視して、押しつけられるようになりかねない。これは、個人の主張を尊重し、自己表現を促すセルフ・アドヴォカシーの哲学と矛盾する。

(2)　年次大会への参加が一年の活動目標になると、大会での受けがよいセルフ・アドヴォカシー訓練を優先しようとする発想が先立つ可能性がある。そうなると、個人個人の日常レベルでの自己主張、自己表現の促進が後回しになる。

2 解放モデル（Liberation Model）

解放という言葉が過激だという意見があることは十分承知しつつ、キャピタル・ピープルファーストはあえてこの言葉を使っています。なぜなら解放こそが、キャピタル・ピープルファーストの哲学を反映したものだからです。

解放モデルの特徴として以下の三つがあげられます。

(1) セルフ・アドヴォカシーとは、ひとりひとりが自己表現にためらいを感じないようになること、自己の価値観にもとづいた自己主張ができることから始まる。したがって、セルフ・アドヴォカシー訓練には一定のマニュアル、定式などはない。それぞれの個人にあったやり方が採用されるべきである。

(2) 障害がどんなに「重度」でもセルフ・アドヴォカシーの可能性は無限にある。福祉専門家が制度の一形態としてセルフ・アドヴォカシーの訓練を提供するとき、「個人の最大限の可能性」を引き出す努力をという言葉をよく使う。この言葉は聞こえはよいが、現実には福祉専門家があらかじめ、それぞれの知的障害者の「最大限の可能性」を査定してしまい、その査定にもとづいたセルフ・アドヴォカシーの目標設定がなされるので、結果として、重度の障害者に対する期待が低くなる。キャピタル・ピープルファーストは、基本的に「意識の存在があれば、その意識を最大限に高めることは可能である」と信じている。

(3) 解放モデルのいうセルフ・アドヴォカシーとは、知的障害者を「遅れを招く環境」から解き放ち、自由にすることである。キャピタル・ピープルファース

ピープルファーストの会議で演説する当事者リーダーのT・J・モンロー。彼は講演を職業としている。自ら「稲妻を呼ぶ男」と称して、兄弟をバラバラにした古い施設収容システムを攻撃している。

トのメンバーの多くは、「遅れを招く環境」である州立病院、地域の居住施設、作業所、成人知的障害者のデイ・ケアなどに行ってサービスを受けるくらいなら、何も受けないほうがましだと主張している。

③ 解放モデルのエピソード

①自己主張の源泉――自由なミーティング

今まで、「遅れ」を招く環境にずっといた障害当事者がためらいなく自己を表現し、自分の価値観にもとづいた自己主張をするためには、助けが必要です。キャピタル・ピープルファーストでは、助けを提供する人をファシリテーターと呼んでいます。報告書作成委員会のメンバーであるボブ・ローゼンバーグやバーバラ・ブリーズもその一員です。ファシリテーターは知的障害者に自己表現の場を提供し、当事者が表現につまったときにそばにいて、助け船を出し、困ったときには良き友人として相談にのる人で、高いところから「セルフ・アドヴォカシーとは何か」を教えこむ人ではありません。

キャピタル・ピープルファーストがはじまった頃、バーバラはよくミーティングをしました。当事者を中心にして何かやってみようということと、困っていることについて話してみようということだけで集まりを呼びかけました。ミーティングでは、当事者が輪になって内向きに座り、みんなが言いたいことを言います。ミーティングの場所は、施設の中とか監督者がいるような、当事者にとって抑圧を感じる場所でなく、公園のように自由で開かれた場所を選択します。誰かがこんな困ったことがあると言うと、それはどうして困ったことなのかについてみんなで意見を出しあいます。基本的に、ファシリテーターは輪の外にいて、話が滞ったときや、誰かが言いたいことにつまったときに助け船をだします。「～さんが～と言った意味は～ですか?」「～というのはどうしてですか?」「～ということについて話し合うことをみなさんどう思いますか?」という具合です。

このようにみんなで集まって話す以外に、ファシリテーター個人と当事者個人が話し合う機会も必要です。話題は何でもかまわないのです。よく福祉専門家がやるセルフ・アドヴォカシー訓練では、「さて今日は~について話し合いましょう」と話題があらかじめ決められています。解放モデルでは、話題をあらかじめ決めてしまうことはありません。話の流れるままに自由にただひたすら当事者が話す場があればよいのです。たとえば、ファシリテーターのバーバラと当事者のトムは、政治についての議論に夢中になった時期がありました。また、サンドラはよくバーバラのうちに電話をかけてきますが、あるときバーバラは自分が抱えているお隣さんとのいざこざについて話しました。ふたりは会うたびに、中近東とアメリカの関係などについて気が済むまで話をしました。「本当にもう困ってしまって~」というバーバラのとりとめのない言い分をサンドラはじっと聞いてあげます。ここでは、ファシリテーター、当事者というそれぞれの役割にこだわらない友人同士の会話が成立しているのです。

②手加減しないつき合い

キャピタル・ピープルファーストの創立者で、調査チームのメンバーでもある健常者のC氏は、まわりにけむたがられるほど、厳しい言葉で知的障害者を激励することで有名でした。しかしこれは、決して彼女が知的障害者を虐待しているということではなく、それぞれの人が前進するための激励の手段なのです。

たとえば、A氏の体験。彼の服装といえば、いつも作業所時代から何年も着古した服と帽子、ジーパン。着たきり雀という感じでした。それに業を煮やしたC氏は、ある日みなが集まっているところに登場するやいなや、おもむろにA氏のかぶっている帽子をとって、近くにあったごみ箱に捨ててし

キャピタル・ピープルファーストの創設者のひとりで、調査にも加わったバーバラ・ブリーズ。ボランティアの支援活動にのめり込んだため、夫に浮気していると誤解されたとか。

この報告書をまとめたボブ・ローゼンバーグとボブの赤ちゃんのときの写真を持つ翻訳者、秋山。左は故サンドラ・ジャンセン。

まったのです。「なんでこんなものいつまでもかぶっているの!! もっとちゃんとしたかっこうをしなさい」彼女はこう言いました。

服装は表面的なものと一笑されるかもしれませんが、内面の充実度が服装に反映されることも案外多いのです。A氏にしてみれば、自分は作業所時代から、コーラの自動販売機の横に座って一日中無為に体を動かしているだけの取るに足らない存在。だから、おしゃれなんてしたって意味がない。誰がいいと言ってくれるわけでもない。というわけで、着たきり雀になっていました。そんな惰性の心理を突き動かして、「それでは、駄目よ。自分に自信をもつためにももっとおしゃれをしなさい」と言ってくれたのがC氏だったのです。このC氏の行動によって目から鱗が落ちたA氏は、次にC氏に会ったときには、ダンディな衣装で彼女を圧倒するほどでした。服装が変われば気分も変わる。ダンディな衣装に身をかためたA氏は、自分のやることは取るに足らないことではない、大切なことなんだという気にもなってきました。「厳しい態度も時には必要なのさ」とその当時のことを思い出してA氏は今、こう語ります。これに触発された他のキャピタル・ピープルファーストのメンバーもおしゃれに気を遣うようになりました。そのうちのひとりが、真冬なのに真っ赤なアロハ・シャツを着てきたりして、内心「これはちょっと場違いじゃないかな」と思うようなことさえありましたが、キャピタル・ピープルファーストはいちいちそんなことに目くじらをたてません。

B氏がマクラスキー校（成人知的障害者のためのデイ・ケア）を出て、キャピタル・ピープルファーストの一員になり、自己主張もするようになりはじめた頃でした。ある日C氏が来ると、B氏を壁に押しつけ、「あんたは本当にひどいところにいたんだから。ナチの収容所よりもひどいところよ。取り返しようもないところにいたのよ。わかってるの。本当にわかってるの」と、一気に浴びせかけたのです。C氏のことを日頃は多少けむったい存在くらいに思っていたB氏でしたが、このときの見幕にはびっくりして声も出ませんでした。

自分がいたマクラスキー校はひどいところだと思ってはいましたが、ナチの収容所と比較して考えたことなどありませんでした。C氏にそう言われてしまうと、自分はそんなにひどいところにいたのか、それほど自分の「遅れ」はひどいものになってしまったのかという気持ちで胸がいっぱいになりました。いきなり人を壁に押しつけて、衝撃的な言葉を言うなんて常軌を逸した行為ということができるでしょう。でも、その効果はてきめんでした。B氏の自覚というか自己主張・自己の権利擁護にかける意気込みに格段の差がみられるようになったのです。

C氏のこの行動は一種のショック療法みたいなものです。ショックを受けたほうは冷水を頭から浴びせかけられて、目が覚め、今までぬるま湯に使ってマヒしていた部分が作動しはじめるのです。もちろん、これがすべての人にとって良いことかどうかはわかりませんが、このふたりの場合はかなり効果的でした。

③二流で満足しない真の社会参加を

C氏が、いつもこのようなショック療法で知的障害者の仲間を震えあがらせているわけではありません。「遅れ」をつくる環境にずっといた知的障害者の真の意味でのノーマライゼーションには、思い切りきっぷのいい行動に出るのです。たとえば、キャピタル・ピープルファーストのみんなが集まって、どこか飲みに行こうという話になったとします。すると、C氏は「OK、じゃぁ行こう」と言って、ちょっと町で話題になっている洒落たバーにみんなを連れていってくれます。「飲みねえ、飲みねえ、まかしときな」と、さしずめ、きっぷのいい江戸っ子というところでしょうか。バーにさっとみんなを連れていっておごってくれます。知的障害者ばかりのグループで気が引ける。そんな気持ちはみじんもありません。むしろ、「ほかのみんなが行くところで楽しむのはあたりまえじゃない」と、このノーマライゼーションの真髄をいとも気軽にやってのけるのです。頭では、ノーマライゼーションとわかっていても、行動がなかなかついていかないことはよくあります。だから、みんなで楽しもうというときも、支援者はつい最先端の場所でなく、格安でめだたない場所を選んでしまいがちです。C氏は「そんな臆病な心理はお見通し」とばかりに、最新流行の場所にみんなを連れていってしまうのです。

C氏の息子も知的障害者ですが、彼女は、息子が小さいときからこのきっぷのよさを発揮していました。知的障害者にオペラなんてわかるの？　そんなふうに思う方がいるかもしれません。でもC氏は、そんな外野の意見は気にせず、オペラといえば、地元サクラメントのではなく、周辺では最高級のオペラを見せるサンフランシスコに連れていきました。別にC氏にはお金がありあまっているわけではありません。でも、「他の人と同じようにいいものに触れさせる。それはあたりまえのことなんじゃないの」。知的障害者のことを何も知らないからよけい、知的障害者にはオペラなどわかるまいという偏見をもっている人たちに、そうではないんだということを見せるため、あるいは、知的障害じゃない人はオペラをわかるんですかという素朴な疑問をぶつけるためにも、C氏は一本筋を通してきたのです。こういった強い意志をもっているファシリテーターがいることはセルフ・アドヴォカシーにとってとても重要です。

第4章 なぜ障害者は施設から逃げるのか？

地域生活を支えるサービスが不十分であることからくる施設収容。大規模収容施設『州立病院』の実態。子どもが施設から逃げないことばかりを願っている親。1980年代前半のカリフォルニア州の実態は現在の日本とウリふたつです。この章では過去と現在を分析し、孤立や隔離とは無縁の地域生活を提案しています。

1　コンシューマーからニーズを引き出す！

『遅れを招く環境』はキャピタル・ピープルファーストがカリフォルニア州発達障害審議会に提出した報告書です（第一章参照）。ピープルファーストは、審議会との契約で、

(1)　発達障害者制度のもとでサービスを受けている当事者たちのニーズ・アセスメントをすること。

(2)　ニーズ・アセスメントへのコンシューマーの参加を達成するには、どんな方法が一番よいか。

このふたつの仕事を責任をもって行うことに同意しました。

最初は、従来のアンケートをもとにアンケートを作成し、実施すればいいと思いました。けれども、この調査は大量のデータを集めて統計的な分析をするというタイプのいわゆる「科学的な」研究には適さないし、そんな大がかりな研究を実施する資金と時間がなかったため、できるだけ肩の凝らない自由な雰囲気づくりをし、そこでコンシューマーが語ってくれることの中からニーズ・アセスメントを引き出す聞き取り調査によって、前述のふたつの仕事を達成できるのではないかという結論になりました。

調査にあたっては以下のことに留意しました。

①場所の選定

調査にあたっては、できるだけインタビューされる人たちのいるところに出かけていきました。それが可能でない場合は、インタビューされる側ができるだけ打ちとけられ、環境によって脅かされる

気持ちになるということがないような場所を選びました。

②聞き取りのプロセス

調査チームが質問をする前に、まず、どうして自分たちがそこにいるのか、州の審議会との委託契約がどんなものなのか、「ニーズ」とは何なのかを皆に説明しました。それから調査チームのメンバーがひとりずつ、自己紹介を兼ねて、自分たちの身の上話を少し話しました。その後、インタビューされる人たちにも、それぞれひとりずつ同じことをするようにお願いしました。その場合、恥ずかしがってしゃべりたくない人には話さなくてもかまわないという雰囲気が伝わるようにしました。調査が終わった後で、もし、しゃべりたくなったらいつでも大歓迎ということも伝えました。興味深い話題でみんなが盛り上がって、話題が本題からずれても、話を中断せずそのまま続けました。寄り道も初対面同士が打ちとけあうためには必要だと思ったからです。

③休憩やランチタイムの活用

状況が許す限りたっぷり、休憩時間や昼食の時間を取り、調査チームと、インタビューされる側が一対一で気軽に話し合い、お互いに知り合う機会をつくるようにしました。一堂に会したときのミーティングでは恥ずかしくて質問できなかった人も、こういう機会には質問できるからです。質問をしあったり、共通の知り合いを見つけることにより、ミーティングでは不可能な「よそよそしさの克服」ができました。

④調査する側に当事者が入っていることの重要性

休憩や昼食時の一対一の話し合いを経てもなお、短時間では内気さをのりこえられなかった少数の人を除いて、休憩後のミーティングでは、よりつっこんだ自由なコミュニケーションができ、実態がわかる情報がたくさんでてきました。知らない人同士が、同じコンシューマーとして話をするうちに急速に親密さが増したということかもしれません。お互いに意思の疎通がしやすいようにコンシューマー同士が熱心に助け合ったこと、特に言葉のことで困ったときに、助け合ったことも影響しているでしょう。コンシューマー以外の人がこのような会合に参加したときにありがちな表現の上手な人が意見をうまく言えない人に口移しで教えてしまう、ということも起こりませんでした。

⑤秘密の厳守

聞き取り調査のときには、必ず秘密が守られることを説明し、録音の許可を得ました。（一例ほど、サービスの提供者が録音を拒否したことがありましたが、よく知り合って気心が通じたら、許可が得られました。）最終的に集められたテープは六十から七十時間分になりました。報告書を作成する段階で気をつけたことは、インタビューされた人たちの身元がわからないようにすることです。そのため、引用中に調査チームのことを知っている人が読んだら身元や場所がすぐわかってしまうと思われる表現があるときは、秘密厳守のためにこれらの表現を多少脚色しました。また、テープ起こしの段階で、意味を明確に伝えるのに必要だと思われる部分は、編集者が違う言葉で言い換えました。けれども真に迫った表現や人の心を打つ言い回しは編集せずにそのまま残しました。

調査過程で、インタビューを受ける側に伝えることができたのは、調査チームの発達障害者メンバーは、システム・サバイバー、つまり、制度の中で生き延びてきた人たちだということでした。この人たちは、発達障害者対象のサービス制度の最低最悪の部分にさらされながらも、自分たちのためになる部分を最大限に活用して見事に自立とノーマライゼーションを達成したのです。

調査チームは当初、奇妙なつぎはぎだらけのチームのようにみえ、一方迎える側（調査を受ける側）は、自立生活訓練システムの『スーパースター』たちでした。しかし最後には、インタビューされる側がインタビューする側に対して「これまで何をしたのが良かったのか」「まわりの人が知的障害者のためにどんなことをしてくれたのか」、聞いていました。

インタビューを受ける側にとって、調査チームは、可能性の象徴でした。個性を勝ち取ったメンバーと彼らのグループとしてのまとまりが、そう感じさせたのかもしれません。調査チームは、この報告書の中でセルフ・アドヴォカシーのモデルを提示する義務があったのですが、ある意味では、自分たちの存在そのものがセルフ・アドヴォカシーのモデルとなっていたのでしょう。

2　福祉制度の欠陥

1 遅れを招く環境

調査チームがニーズ・アセスメントを通じて、最も問題だなと思ったのが、非常に多くのサービス提供者がランタマン法のような法律やその背後にある原則を全く理解できないでいること、そのため、法律に遵じた行動をとっていないことでした。

州立病院や民間施設、職業訓練施設、その他発達障害者用の居住設備のある施設では、規模の大小を問わず一般的に、「管理する側」と「面倒をみてもらう側」という集団が存在し、このような役割分担があるところは必ず、調査チームが呼ぶところの「遅れを招く環境」になっていました。このような環境にいると、どんな影響をうけるか、いくつかの例を紹介しましょう。

■知恵遅れというレッテルを貼られた人々を、まるで子どものように扱うという大きな歪みがあります。これはコンシューマー自身にもしみついており、自らを「男の子」や「女の子」、または「子ども」という言葉で認識したり呼んだりするようになっています。

■ある施設では、二十代から五十代のメンバーによる「ボーイ・スカウト団」が正式に組織されていました。

■州立病院に住む発達障害者の持ち物として一番よくあるのはぬいぐるみでした。

■ある居住施設では、自立生活の訓練を受けている人が、「自分の部屋に電話がある」と誇らしげに話していました。その後、誰かが「九一一（訳注・アメリカで緊急時に使われている電話番号、日本の一一〇番に相当する）がその地方でも使えるものなのか、火事などの緊急事態が発生したときには誰に連絡を取るのか」という質問をしましたが、その人は「私たちは何が緊急事態か決められないので、ソーシャル・ワーカーに連絡を取ることになっています」という答えが返ってきました。

■「今作業所に通っているんだけれども……自分がどんどんダメになっていくような気がするの。チューブの中をころがり落ちるようにね…普通に生活できるようになるなんてうそよ。もっともっと知恵遅れになっていくみたい………とにかく知恵遅れの人ばっかり集まっているでしょ、だからどんなふうにふるまったらいいかお互いにまねしあっているのね。知恵遅れから抜け出すんじゃなくて、もっと重度になってしまうの…毎日そんなことばっかり見てるわ」

■**調査チーム**　映画を見に行ったりする？

当事者　もちろん、週末に行きますよ。ここの週末のプログラムは本当に楽しいものばかりで。

調査チーム　何人くらいで行くの？　ひとりで行くの？

当事者　時と場合によって違うけど、みんな良い子にしてた場合は二十五人くらいで。十人のときもあるし、たいていの場合グループで行きますね。だって安全な昼間でも何が起こるかわからないし。

■調査チームが、ある作業所を訪ねたとき、指導員がいかにも優しく熱心に、風鈴につける陶器の蝶々の作り方を教えていました。ひとりの車椅子の訓練生が何か問題があって、そのことを言おうとするのですが、言語障害のためうまく言えず、指導員の説明を中断しました。すると指導員は突然かみつくように「おまえは一日中、目の上のたんこぶだった……目の上のたんこぶがどんなに嫌なものか思い知れ!!」と言って、車椅子をつかんで壁ぎわまで押していき、訓練生が壁を見る以外身動きできないようにしてしまいました。それから指導員は、調査チームの方に向き直り、何ごともなかったかのように優しく風鈴作りの説明を続けました。

このような経験を実に多くのところでしましたが、発達障害者の制度が「悪い」人たちに運営されていると説明することは、不正確であり、不公正でしょう。成長と発展を妨げている最も悲しむべき事例のいくつかは、明らかに献身的で善意に満ちた人々によるものです。

証言13

「ここの職員は私たちのことを大好きなんだっていうことはわかってます。そうでなきゃ、あの人たちはここで働いてるはずがありません」

この言葉を聞いたとき、調査チームは何とも言えない嫌な気持ちになりましたが、よく考えればこの発言は、明らかに「遅れを招く環境」にどっぷりつかっている人のもので、ある種の真実を物語っていると思わざるをえませんでした。

2 改善提案

もし、遅れを招く環境の本質を理解する気持ちが、サービス提供者とコンシューマーの両方にあれば全体を取り巻く状況ははかり知れないくらい改善されるに違いありません。ところが、現実には法律の趣旨がきちんと理解されていないという証拠が次々に出てきました。したがって調査チームは、カリフォルニア州議会に以下のことを提案します。

1　カリフォルニア州議会は、発達障害者を対象としたサービス提供者に、ランタマン法とその関連の各種法律、人権保護をうたった合衆国憲法と州憲法などの目的と内容を学ぶ所定のコースを修了することを義務づけるべきである。サービス提供者とは、発達障害者を対象とした公的機関および民間機関、またはそれに密接に関係したサービス機関の職員である。所定のコースのカリキュラムは、有資格の教育の専門家によってつくられる。専門家は裁判官と州議会議員、発達障害審議会のメンバーによって構成された一団の指導管理のもとに義務を遂行する。このような訓練はエリア・ボードや発達障害審議会のメンバーも受けるべきである。

2　カリフォルニア州議会は、ランタマン法やその関連の法律、重要と思われる合衆国憲法や州憲法の条項に関するサービス受給者（コンシューマー）の理解を深めるような教材をつくるために補助金を用意すべきである。教材は、適切と思われるあらゆる媒体、文章、オーディオ、ビジュアルを活用したものとする。教材づくりには、コンシューマー自身が最初から最後まで関わるべきである。教材は、コンシューマーの法的権利と義務および、サービス提供者やアドヴォカシー活動家が果たさなければならない法的義務、サービスの目的について説明するものとする。また、コンシューマーが現存の制度の中で何か間違っていると感じ、サービス業務が法律を遵守していないと確信するにたる理由をもっている場合、その状況を改善するための支援を得る方法も忘れずに教材に加えられるべきである。

カリフォルニア州議会は、審議会の提案により、発達障害者を対象としたサービスシステムにおけるサービス提供認可や経理、さらに良質のサービスに関するより正確、かつわかりやすい規程を作ることを目的とした法案に取り組んできました。キャピタル・ピープルファーストはこの法案を全面的に支持します。しかしながら右記の提案を取り入れれば、この法案の施行にあたって、より確実に遵守されるのではないかと思います。

3 州立病院の運命

調査チームの中にも、実態調査を始める前は、州の施設は民間の施設を補う役目があるから必要なのだという考えを疑いもなく受け入れている人がいました。けれども、この報告書を書く頃には、その立場を取る人はひとりもいなくなりました。

ある州立病院の施設長の発言を紹介しましょう。

証言14

「実は、州立病院に来るクライエントの中には、地域社会で十分やっていけるし、家族も地域に出ることに反対していない人がたくさんいます。けれども、リージョナル・センターは、『ここしかないから』と言ってクライエントを州立病院に紹介してくるのです。『ここしかいない』という理由で受け入れるのは、私たちの方針にそったものではありません。しかし、リー→ジョナル・センターには、予算が厳しいとか人材が確保できないなどの問題があるため、クライエントの入所先探しをなまけて安易に私たちのところによこすのです。そのため、州立病院に入るべき人たちが入れなくなって、州立病院には向いていない人が何百人と入っているのです」

カリフォルニア州議会研究所の報告は、このような現状を次のように要約しています。

「州立病院には、複雑な行動障害を抱え、常時医療を必要としている人たちが多くいる。しかし発達上、医療上、行動上の障害をもちながらも地域社会で十分やっていける人たちがたくさん収容されていることも事実である」

さらに報告は、カリフォルニア州パトン州立病院の地域社会への移行プログラムと、ミシガン州の地域に根ざしたプログラムの成功をあげ、州立病院が特定のニーズをもつ人々のために、病院でしか提供できないサービスを提供するのでなく、社会に欠けているものを補うという機能も担うようになってしまっていると述べています。

調査チームは、州立病院にいたら呼吸器に管を通され、食事のために胃に管を通され、絶えずモニターで監視されているだろう人々が、その十分の一以下の費用で、家庭的な環境のもとに暮らしていけることを知っています。

たとえば、調査チームがあるとき訪れたのは、福祉施設章典の「自分や他人に危害を加える可能性がある」にもとづいたか、あるいは、自閉症と診断されたため、地域社会にある家庭的な雰囲気のプログラムで治療を受けている人々でした。ここにいる人々は皆、以前は州立病院にいました。このプログラムは、大成功で、問題行動が完全になくなったり減少したりしています。プログラムが始まって以来、州立病院に送り返された人はひとりもいません。さらに、多くの場合、投薬の量が激減しました。費用も州立病院に入院している同様の患者に比べ非常に安いことがわかりました。

また、娘が州立病院に長期間入院している母親とも話しました。彼女の訴えは、州立病院を閉鎖しないでほしいということでした。というのも、娘が施設から逃げ出さないようにするのに十年かかったのに、他の所へ行くことによってまた同じ経験を繰り返させたくないためでした。これは、母親としての愛情から出たものですが、なぜ娘が逃げようとし続けたかに対する誤った理解によるものです。調査チームが、同じような問題をもった両親のための支援プログラムや、同じような子どもたちが施設でなく自宅に住むのを支援する地域でのプログラムについて話すと、お母さんは、勇気をもって冷静に「もし私が何年も前にそのことを知っていたら、あの子の生活も今とはずいぶん違っていたかもしれない」と言いました。

この母親と話した調査チームのメンバーは、彼女に娘の生活を変えるのは、今からでも可能だということを確約できなかったので悲しくなりました。これまでずっと約束を反古にされ続けた人に対して、希望をもたせるだけではよくないと思ったからです。もしこの報告書が提案していることが実現され、逆に非難していることが二度と起こらないようになれば、このお母さんだけでなく同じような境遇にいる人々が州立病院の存続よりもっと前向きなことに協力してくれることでしょう。カリフォルニア州における発達障害者対象予算の五九％は、州立病院施設に入院している一一％の発達障害者のために使われています。同額の予算を病院の外で使えば、どれだけ多くのサービスや希望を本来あるべき姿で実現できるかと思わざるをえません。

たとえば、カリフォルニア州のポートビルという小さな町は、州立病院によって町の経済が成り立っていますが、病院以外に非常に優れた地域プログラムの本拠地にもなっています。さらに、この町の誇りは、アメリカで最も良質のサービス提供者や、適切な訓練を受ければ、良いサービス提供者になれる人々がたくさんいることです。こんな小さな町でも、計画をきちんと立て、計画実行のタイミングをこころえ、州都サクラメントからしっかりした援助を受ければ、地域サービスと脱施設の良きモデルとして、豊かな町になることもできるのです。

地域に根ざしたサービスへの移行プログラム作成のための明快で妥当なアイデアが、カリフォルニア州の発達障害者計画にも取り入れられています。カリフォルニア州議会にも法案として提出されました。ひとつは州立病院の建物と土地を売却するか賃貸するかしてその収益を病院外のサービスの開発と向上の財源にする、というものです。土地は今日の市場では少なくとも五億から十億ドルの価値はあるでしょう。キャピタル・ピープルファーストはこのようなアイデアにはいつも賛成します。

州立病院の閉鎖が、「遅れを招く環境の最たる例である施設」の解体に即つながるとは思っていません。また、州立病院の中でも、地域社会居住のための良いプログラムをやっているところがあります。しかし、もし良いプログラムが病院内でできるのなら、より良く、より速く、より安く、しかもより制限の少ない形で、病院外でできないはずはありません。ランタマン法が約束している状況に達するには、まだまだやらなければならないことがたくさんあります。しかし、目標は、地域社会の中で達成されるべきであることは明らかです。経済的にも効率がよくない州立病院には展望はありません。残された道は閉鎖のみです。

3　障害者の生活――過去、未来、そして現在

コンシューマーとのインタビューや実態調査をふり返って思うのは、発達障害者にサービスを提供する制度自体が変化してきているため、世代によって経験が異なり、おのずとニーズも違ってくるということです。それは、ある世代の人は、別の世代の人がもっていない経験をしているという意味で〝ジェネレーション・ギャップ〟と呼んでもよいでしょう。

世代によってニーズが違うという見方は、さまざまな問題をよりはっきり理解できるようにするとともに、どうしたらサービス提供者がより対象にあった効果的な資源配分をするようになるかを、政策決定者（政治家・行政）にわからせてくれます。

全体として変化は良い方向に向かっています。しかし、この報告書では主に、制度の中で何が改善されるべきかに焦点を当てているので、制度の中で生じた良い意味での変化を紹介できないのは、非常に残念です。また、「セルフ・アドヴォカシー（自己主張）モデル」を発展させていく過程で「対決」、「自己信頼」という問題と取り組むため、自分たちと対立する立場にいる人を敵、あるいは抑圧者と捉えるようになりがちです。

もし、実際に状況が良い方向に向かっていなければ、カリフォルニア州発達障害審議会が、「知恵遅れ」というレッテルを貼られた人々に仕事として実態調査を委託することはなかったでしょう。現存の制度に対する批判はいろいろあるにしても、顧客にサービスの評価を喜んで依頼するという態度は評価できるし、これからも良い方向に向かっていくのではないかと思われます。

1　過去

ある州立病院を訪れたとき、小さいときにずっと自宅の地下室に閉じこめられていたという男性に会いました。彼は今六十代ですが、州立病院の暮らしの方が良いと言っていました。自宅よりも病院暮らしの方が良いという彼を責めることはできないでしょう。選択肢は両親によって暗い地下室に閉じこめられるか、州によって病棟の片隅に忘れ去られるかのふたつしかなかったのですから。彼が調査チームと面会するグループに入り、自由に思っていることを言えたということも、公平の立場から述べておきます。

これほど長い間入院していると、病院の外の暮らしに適応するのは大変困難でしょう。しかし、そのことは州立病院制度を維持する言い訳にはなりません。とは言っても、施設を出て自由な環境を享受できるようにするため、彼に対し生涯にわたって適切な地域サービスを出し続けるというのもかなり大変なことです。

右記のような場合、過去のシステム上のあやまちを清算するサービスが必要です。これから知的障害をもって生まれてくる子どもたちが、施設的でないサービスシステムの中で育てられれば、右記のような努力をする必要はありません。しかし、さまざまな扱いを受けてきた中年の多くの人々については過去の清算に真剣に取り組んで、彼らのニーズを探し出す努力をしなければなりません。

2　未来

調査チームのメンバーのひとりは、二十年前だったら「絶望的な知恵遅れ」と診断をされていたに違いありません。彼の母親は、当時存在していたシステムが下したそんな診断を受け入れませんでした。彼は今、調査チームの中でもっとも「普通」の人、もっとも「普通の生活」をしている人です。車を運転し、作業所とか福祉工場でない本当の仕事をもち、最近、もっといい仕事に応募しました。自分が選んだ健常者のルーム・メイトとアパートで一緒に暮らして、たくさんの友達がいます。友達は、健常者の方が障害者より多いくらいです。これは、自立して暮らしている発達障害者の中でも、きわめてまれなことです。

彼には、器質的な損傷があり、健常者と異なる生活を送らざるをえない部分があります。しかし、精神遅滞の施設や制度からもたらされる絶望や無力感はありません。彼を同年齢の人々と比べれば、制度そのものに起因する「遅れ」がどのくらいかを測ることができます。彼はまさに「生きた物差し」といえましょう。「サクセス・ストーリー」の章で、彼の話はもっと詳しく紹介されますが、彼の家族が彼のためにしたこと、そして知的障害者制度にやらせなかったことを知ることが、知的障害者の未来の世代が必要としていることといえましょう。

3 そして現在

絶望/無力感症候群は調査チームの大部分が経験しています。そして現在もそこから抜け出そうと闘っていますが、地域社会の中で普通に暮らしている人や経済的な自立を達成した人でも、まだ生活やものの見方にかつての症候群の影響がみられます。このチームのメンバーのような人たちは、どちらかというと「中間の世代」に属しているのです。つまり、知的障害者制度の良い意味での変化が来るだいぶ前に生まれたが、その変化が来る前に死んでしまうということもない世代です。報告書のニーズは、主にこの中間世代のニーズを反映しています。

中間世代に、明るい未来を約束しているのが、自立生活トレーニング・プログラムの誕生と成長です。積極的な運動によって、今まであった問題を新たな視点から見ることが可能になったし、同時に、過去には何とも思われていなかった事柄を、緊急に取り組むべき問題として表面化することができました。

しかし、自立生活トレーニングを修了した知的障害、発達障害の人が増えるにつれて、明らかになってきたこともあります。それは、自分で自分の生活を管理して、監督者の支配を受けないことだけでは、当事者の社会的孤立や隔離の問題は解決しないということです。実際、監督を受けずに、身辺やアパートを清潔にすることができ、生活上必要な出費を、請求書が来たらちゃんと払うこともでき、ひとりで料理もできるし交通機関も利用できるようになった当事者ほど、孤立や人間関係ができないことに気づいて愕然としています。ひとりぽっちになってはじめて、「ああ、これから何をしたらいいんだろう？　これが自立っていうことなの？」と心の中でつぶやいてしまうのです。

遅れを招く施設や制度を十分経験して、作業所

発達障害者にとても良い自立生活プログラムを提供しているＴＴＳＲ（自己確信訓練）という名前の非営利民間団体の事務所。将来計画の作成、介助者の使い方、子どもの育て方等ニーズに合ったサービスが用意されている。

での訓練の継続や発達障害者向けの成人教育を拒否して、地域で暮らそうとしても、仕事もないし、良い職業訓練の場もない、学習障害があって通常の学校には適応できず、学べないという場合、何をしたらいいのでしょう。

加えて公共交通機関の不十分さも、地域で生活する発達障害者を抑圧する原因となっています。たとえば、バスに乗ってひとりでショッピング・センターや映画に行けたとします。しかし終バスの時間が早くて、帰る時間にはバスがもう走っていないとしたら、バスに乗って外出できるということに何の意味があるでしょう。

中間世代が地域で生活をするようになる以前は、知的障害者に対する一般社会の無理解を無視しようとすれば容易に無視することができました。どこへも出なければよかったのです。ところが障害者がどんどん町に出るようになると、特殊教育学級で味わったのと同じ思いに毎日直面するようになります。

ある若いダウン症の女性は、会合に欠席したため、仲間に糾弾されると、わっと泣き崩れました。気持ちがおさまってから、彼女は「時々……、バスに乗れなくなるの。だって誰も私の隣に座ってくれないので、悲しくて悲しくて……」と説明してくれました。

このような新しく出てきた問題に対する簡単な解決法はありません。政府は、公共交通機関を全般的に改善するとともに、障害者向け交通機関の提供にも取り組んできました。しかし、あまり見るべき成果は上がっていません。また、これまでの仕事や訓練プログラムに代わる、もっとふさわしい選択肢として委員会や団体が提供したものは、以前と同じ欠陥をもっており、障害者が求めていたものではありませんでした。

より多くの知的障害者が社会の重要な部分に参加していくにつれて、より多くの人々が、誤解や敵意をもたなくなるということがわかりました。民間や政府が前向きの啓発活動を行えば、この傾向をさらに促進することができるし、よくなっていくことでしょう。この時期に最も大切なことは、転換期にある当事者が当事者を支えるサービスにも、問題点や十分でない部分があるということに気づくことです。たとえば、調査チームが訪れたある素晴らしい自立生活プログラムでは、参加者がＹＭＣＡとかシエラ・クラブまたは環境保護団体のオーデュボン・ソサエティなど、健常者のグループとなんらかの形でつながりをもつ方法を学ぶまでは、プログラムを卒業させないことにしていました。障害者が社会にとけこむための方法として、これが完璧だとは思いませんが、良い出発点であるし、重要な意味をもっているといえましょう。（訳注・地域で生活する発達障害者が、同じ仲間との会合に出るだけでは、隔離を解消したとはいえない。自分の趣味や興味に合った障害のない人やグループとつきあえて初めて真に社会の一員になったといえる。）

外出の重要性を考えると、自立生活プログラムを運転訓練プログラムと結びつけるのもよいかもしれません。施設に孤立している何千人もの人々が自立を目指したとき、それが即、公共交通システムの改革につながるわけではないからです。さらに、運転ができない障害者と人助けをしたいと思っている人たちを結びつけるために知恵を出し合うようなプログラムも考える必要があるでしょう。（訳注・アメリカでは大都市を除いて公共交通機関が未発達なため、運転できない人はだれかに乗せてもらわないと外出が困難な状況がある。）

④ 施設収容の長い年代、より柔軟な年代と未来のモデル

世代の違いによるニーズの相違という視点から問題をとらえるのは全く新しい枠組だと思うので、もう一度今まで述べてきたことをふりかえってみましょう。

1　発達障害システムのサービスを受けている人のうち、年齢が高い人は、あまりにも施設的環境の中で長年過ごしたので(そしてたぶん施設に入る前は、あまりにも残酷な扱いを受けてきたので)、制限の少ない環境にいきなり住むことは非常に難しいでしょう。しかし、そのことは、地域生活への試みをしないとか、州立病院を維持する理由にはなりません。発達障害システムは、ランタマン法の脱施設の目的にそって、比較的高齢の年齢層に対してもサービスを提供する重大な責任があります。

2　発達障害者人口の中でも高い比率を占めている若い人々は、フレキシブルなので施設を出ることや制度が提供するノーマライゼーションにもとづいた支援サービスを受けること、仲間と地域社会の支援によって、遅れを招く環境の悪影響を克服することが可能です。

彼らは制度や仲間やコミュニティからの、施設的でなく地域にとけこむような真の支援を受ければ、今日までの遅れを招く環境の影響をはね返す柔軟性をもっています。ピープルファーストの調査チームは、サービス提供者、仲間、コミュニティの人の混成部隊で構成されており、未来のあるべき姿を示しているといえましょう。

3　第三のグループは、遅れを招く環境の悪い影響から逃れ得た少数の人々で、社会の中で暮らせることを示し、正しいサービスが提供されればどのようになるかということを表しています。このグループに対してなされたこと、あるいはなされなかったことを明らかにすれば、発達障害システムが、若い障害者や幼い障害児および近い将来生まれてくる赤ちゃんに対し、どのようなアプローチをしたらよいかを示す最も良いモデルのひとつになるでしょう。

第5章

「マネゴト」仕事と「本当の」仕事

なぜ予算配分は現状維持派に有利なのか。なぜ職業訓練を看板にしている作業所からだれひとり就職しないのか。どうして新しいサービスが必要であるというニーズがあがってこないのか。潜在能力や可能性を信じるとどうなるのか。家族はどのように支えられるべきか。この章は以上のありふれた疑問に明確な答えを出しています。

1 サービスの質と補助金システム

市場原理を積極的に導入すれば、発達障害者にとってより良いサービスがより多く確立できるはずだとランタマン法は記しています。しかし現実には、州立病院を出て、地域社会でサービスを受ける準備はもうとっくにできている六百人以上の障害者が、行くところがないという理由だけで、いまだに施設に収容されています。さらに悪いことには、一九八三年四月から翌一九八四年四月の間に、地域社会には適当な居住設備がないというだけの理由で、新たに二百五十人以上の人たちが州立病院に入れられました。

しかし同時に、調査チームが混乱させられるような事態にも直面しました。というのは、州議会が州立病院の閉鎖を全会一致で勧告したにもかかわらず、州立病院の中に良いプログラムが見受けられ、さらに最も良いプログラムは州立病院内のものでした。それは聴覚障害者と、聞こえるけれども話し方を学んでいない人々に対する「完全なコミュニケーション」というプログラムでした。

このプログラムは、すでに受講者を病院から地域に出すのに成功しています。しかし州全体から申し込みがあるため、遠方の人はわざわざ州立病院に入院してこのプログラムを受けるという皮肉な結果を招いています。以下は、このプログラムを監督している人の発言です。

「……私たちのクライエントの多くは、自分の言いたいことはわかってはいるのですが、うま↘く言えないようです。まわりから期待されていないことを知って、『くやしい』という気持ちも↖

もっていました。プログラムが始まって二年半後には、入院患者のうち三十五人は病院を出る準備ができていました。二年半で、全くゼロの状態から、一〇〇のレベルにまで達したのです。……というわけで、私たちは、周辺地域で住めるところを探したのですが、行き先は全くありませんでした。その後、リージョナル・センターとかエリア・ボードとか聴覚障害者のための民間団体などに協力してもらって、ようやく住める場所が見つかりました。そこを私たちは『州立病院別館』と呼んでいます。というのも、最初に退院したグループは結局まとまって住むことになったからです……」

「……とりあえず今は『別館』をベースにして、自分たちのすみかを捜しています。地域社会で他のいくつかの支援プログラムをまとめるのを手伝いましたが、まだ聴覚障害者や言語障害者を対象としたプログラムは確立されていないようです……」

「……私たちは天才でもなんでもありません……何をしてあげたらよいかと、ずっと考えてきただけです。別に私たちじゃなくてもほかの誰にでもできることじゃないでしょうか。最初の参加者の約三分の一は、聴覚障害がないのに言語表現が全然できない人たちでした。でも、この人たちはプログラムを通じてみごとに進歩しました。地域社会に送り込むのもやりやすかったですね。他の人が話しているのが聴こえる人は、いったんコミュニケーションの方法を習うと、すぐに上達しました。

中には、言葉をはっきり話すところまでいかなかった人たちもいましたが、表現できないところからくる欲求不満が減少しただけでも社会とうまくやっていけるようになりました」

「……今、私たちは聴覚障害がないのに言語障害がある人たちとは仕事をしていません。というのは、このプログラムが知られるようになって、カリフォルニア全土から聴覚障害者を入れてくれという要請があまりにも多いので、耳が聞こえる人たちをクライエントにすることができなくなってしまったのです。」

聴覚障害をもち、知恵遅れのレッテルも貼られている人や聴覚障害はないけれども話すことのできない人の親や後見人だれもが、このようなプログラムがあるということと、そのような障害をもった人向けに有効なサービスが提供できることを知るべきです。また、遅れを招く環境から、同じような援助を得て抜け出した当事者と家族や関係者が一緒に声をあげて、同様のプログラムが、すべての主要な市や町で実施されるようサクラメント（カリフォルニア州の州都）やワシントンに訴えるべきです。このようなプログラムが地域社会にあれば、何百何千人に役立つことがわかっていながら、どうして州立病院の中にプログラムをつくるのでしょう。また、「カリフォルニア全土」からの聴覚障害者は受け入れても、すでに州立病院に入っている、聴覚障害はないが言語障害をもつ人たちを受け入れられないというのもおかしな話です。

一九八四年にカリフォルニア州下院に提出された法案第三八一一号は、

「………州立病院や民間の大規模施設に収容されている人々、収容の可能性のある人々を対象に、地域社会で質の高い居住または非居住のサービスを提供する民間非営利組織を設立する場合、立ち上げ資金が無利子で提供される。特にこのローンの対象となるのは、州立病院の職員で地域に根ざしたプログラムを始めようとする人々である」

と記しています。このような法案が採択されたあかつきには、前述のすばらしい移行プログラムを実施している人々は、施設の外に出て、地域社会の中で、すぐれたプログラムへの大きなうねりをつくり出し、同時に経済的にも豊かになることができるでしょう。非営利であろうとなかろうと、このようなプログラムをやっている人こそ、お金持ちになるべきなのです。

市場原理を導入して地域ケアを拡大するにはふたつの問題があります。まず第一に、第一級のサービスを導入するのに必要なお金が、州立病院を維持することに取られてしまっているということです。自立生活トレーニングや家庭および家族への援助といった本当に良い地域プログラムへのリージョナル・センターからの助成は、あいも変わらず、「一文惜しみの百失い」式の不十分なものです。なぜ十分な助成ができないかといえば、そもそも十分なお金がないか、あるいはお金があっても、サービスの質に関係なく伝統的なケア提供者へ援助しつづけるべきだ、という強いプレッシャーがあるからです。

第二は、サービス提供者がより良い仕事をすれば、報奨金が支払われるという制度になっていないことです。現実のシステムはむしろ、サービス提供者が人々を施設に引き止めておいた方がお金になるようになっています。たとえば、当事者の機能が高まれば高まるほど、施設に対する助成金が少なくなるのです。このため、全員が自立生活を送っている調査チームのメンバーより、ある意味で「高い機能」をもっている人々が、まだ自立生活への準備ができていないと見なされている例が多数ありました。

結論はまぎれもなく、「成功しているサービスは非常に少ない。なぜならば、成功は報われないから」というものです。遅れを招く環境を維持した方がお金になるのです。

しかしながら、ランタマン法の願い――公共の利益の分野に、自由競争の原理をとり入れる――をあきらめるべきではありません。より良いサービス提供を行っている、あるいは知っている人に対して、政府が自滅への道を用意するようではあまりにも情ないではありませんか。継続的に計測可能な望ましい成果をあげているサービス提供者には、かなりの報酬が与えられるような補助金システムをつくることが切に求められています。

そのためには、当事者がもっと関わらなければならないのかもしれません。現実の「サクセス・ストーリー」（成功物語）を集めて私たちが作成した提言（第七章参照）に従って具体的にさまざまなところを変更していけば、制度自体も徐々に改善されていくことでしょう。

カリフォルニア州の法律は、サービスの最低規準を定めることを求めていますが、今のところ何も具体的な規準が定められていません。議会は、あらゆる手段を用いて法律を遵守すべきです。上質のサービスにお金をだせば何百万人を救えるのです。一方あまり良くないサービスを補助するのはやめるべきです。今のような、やるべきこととやるべきでないことがあべこべの制度を維持し続けても、政府の能力のなさを人々に見せつけるだけです。私たちが選挙で選んだ人なのですから、もっとましなことができるはずです。

2　職業訓練と仕事

1　作業所の罪と潜在能力の開発

カリフォルニア州発達障害審議会によると、発達障害者の失業率は八〇%に上ります。もし、この統計が連邦労働省統計局による失業の定義にもとづいているとすれば、五人の発達障害者がいれば働いているのはたったひとりで、残り四人は仕事を探しているにもかかわらず、うまくいっていないことになります。

職業訓練とパートナーシップ法にもとづいて連邦から提供される補助金が、職業訓練と雇用機会を求めている障害者にも、一般の人と同じく公平かつ適切に使われるように、審議会と州知事障害者雇用促進委員会は、州の職業訓練調整審議会と協力して尽力しています。昨年（一九八三年）秋、審議会と委員会は職業訓練とパートナーシップ法にもとづく補助金が提供される団体や機関に対し、障害者の特別なニーズに合わせた訓練期間、試用期間の延長や職業訓練に携わる人及び地域社会に対する啓発活動などの積極的な対策をとるよう重要な決議を行いました。また障害者が顧問として参加することを義務づけました。

ピープルファーストはこの決議を全面的に支持しています。この決議により、審議会と州知事委員会はこれから先、州の職業訓練調整委員会の障害者代表には常に障害者自身が就任し、障害者のための施設や団体の職員が代表とはならないことを確認することになりました。さらに雇用に関する民間企業協議会に対しても、理事会にできるだけ障害をもったビジネスマンを加えるよう訴えています。ピープルファーストは、審議会と州知事委員会とは正しい方向に向かっており熱心にこの問題に取り組んでいると感じています。これらは、「上からの」インプットを反映し、私たちがこの報告書でこれから述べる「下からの」インプットにも良い影響を与えてくれることでしょう。

証言16

グループ・ホームの住人

「……ここに住んでるかぎり、仕事につくまでは昼間は作業所に行くか、何かほかの通所訓練に行かなければなりません。それが、主要な規則のひとつなんです」

証言17

「サクラメントのキャピタル・ピープルファーストのメンバーの多くは、作業所や成人学級に行くと、行かないよりももっと遅れが促進されると感じ、行くのをやめました。自分自身のアパートに住み、地域で責任をもって暮らすことと、作業所で子ども扱いされることとの矛盾に悩み、作業所から受けるメリットより、一貫性のある生活を送るほうがたやすいと感じたためです」

この報告書をまとめるために、調査チームのメンバーは、それぞれが体の一部のように協力しあって働いていましたが、それでも彼らは自由で、自分の意見をもち、自己主張の強い人たちでしたから、時には大議論になり、重要な問題については意見の一致をみるまでに激論が展開されることもありました。しかし、ただひとつ全員の意見が完全に一致したのは、もう二度と陶器の風鈴を見たくないということです。陶器の風鈴は、作業所という職業訓練システムの唾棄されるべき象徴です。職業訓練といっても訓練にもならないし、健常者に作業所の職員としての職を提供する以外、何の就業機会も提供していません。

隔離的な作業所制度がいかに不適切であるかはあちこちで言及されているので、いまさら死に馬に鞭打つことはないでしょう。しかし、作業所制度が全体としていかに発達障害者の経済的自立を援助できていないかを調査しないようでは、発達障害者サービスシステムの報告書とはいえません。

調査チームは、職業リハビリ制度の下で、ほうきの作り方を繰り返し繰り返し学ばせられた障害者を知っています。彼はシステム外の人々の援助を得てその卓越した潜在能力を伸ばし、職業リハビリ制度そのものに影響を与えるような連邦政府高官の地位につくことができました。しかし、彼は制度につきものの現状維持の固い壁にはばまれて、この制度を打破することはできませんでした。皮肉なことに、何年にもわたって時代に適合することを拒んできたために、現在の職業訓練制度は真に仕事につくことを望む障害者にとっては、どんどん無縁なものになりつつあります。職業リハビリ以外の目的に使われるならば生き残れるかもしれませんが、本当に働きたい人々に対する義務と、役所として、もっと良いお金の使い道があるということに気がつかない限り、この制度の存続は難しいでしょう。

調査チーム　風鈴を作ったり、鍋や釜を磨く以外に、どんなことをこの職業訓練施設ではやっていますか。もしあなたたちのグループがもっと違った種類の訓練を受けたいと思ったら、施設の人たちは聞いてくれますか?

訓練生　そんなことができたら楽しいでしょうね。もし施設側の人たちと膝つきあわせて「どうでしょう、プログラムをもう少し拡大させてみたら。……もっといろいろ違うことを学べるようにできないんですか。私たちも選べるようになりたい」と言えたらね。

調査チーム　この方は、ものすごくバイクに乗るのが上手じゃないですか。彼なんかバイク修理の技術を教えてもらったらいいですね。バイク修理なら暮らしが立ちますよ。サクラメントにある行政の補助金をもらった事業所では、発達障害者のための職場実習をしているんですよ。↘調べてみたらどうかな。このプログラムのステキなところは、まず最初に、あなたに何をやりたいか聞いてくれて、希望にあった訓練の場を探し出してくれるんです……もし自分で訓練の場を探してきたら、そこでかかる費用も助けてくれるんです。信じられますかこんなこと？

訓練生　ウーン。私たちの作業所でもみんなに、何がしたいか聞いてくれるんだけど、選べるのは風鈴か皿洗いだけなんです。

証言18

調査チーム　精神遅滞の人には、作業所や隔離された成人学級に行かないようにアドバイスしているんですね。でもちょっと前には、そのような学校に行って好きな先生のクラスにいるのは楽しいって言ってませんでしたか？　話が違っていませんか？

コンシューマー　私が言っているのは、違う学校です。先生は同じでも違うプログラムです。↘そのプログラムが始まったばかりのときは今とは全然違ってました。抑圧的な感じはなかったんです。あの人たちは私たちに何がしたいか聞いてくれたし……。それは、生まれて初めて私たちの考えていることを聞いてもらえた場所だったんです。その瞬間初めて、私は読むことを習いたいなと思いました。

証言19

調査チームが職業訓練に関連した問題を話し合っていたときに、誰かが「風変わりな学者」と言い出しました。これは知的障害者で重要で特別な才能か、社会に貢献する能力をもっている人のことです。誰かが冗談半分に言ったこの言葉で、議論に花が咲いてしまい、次第に、いかに「適性検査」は、知的障害者の隠れた才能や技能を発見する努力をしていないかについてのまじめな話し合いになりました。ちなみに、このミーティングに初めて参加した人は、チーム・メンバーのひとりがすばらしくいい声をしている、と言いました。これは、適切な援助や訓練を受ければラジオ局やテレビ局、テープ本の作製などいくつかの仕事につながる才能だといえます。けれども、職業指導やカウンセリング、訓練を担当したサービス提供者の誰ひとり、この明らかな才能を検査しませんでした。そのため、彼は自分のこの才能が仕事につながるとは思ってもみませんでしたので、潜在能力を試したり、助言を受けることができませんでした。

ランタマン法によって、すべての発達障害者に義務づけられている個別サービス提供計画（ＩＰＰ）の問題もここにあります。調査チームがどこへ行っても耳にしたのは、ＩＰＰはしばしば、ただ書き入れなければならないもう一枚の書類としてしか扱われていないという意見や不満でした。ＩＰＰの扱いについて、このような「まやかし」が行われているということは、精神遅滞の人は成長の可能性がほとんどないので手間をかける必要がない、という態度の表れです。コンシューマーに尊敬されているリージョナル・センターのワーカーは、良いサービスを探そうとしても現実には存在しないため欲求不満に陥り、「燃えつきた」結果、おざなりのＩＰＰを作っているとのことでした。

州下院研究所の報告書によると、

「われわれは、ＩＰＰを作る過程が単なる儀式になっていることを発見しました。しかしながら、サービスの種類や質にも限りがあり、限られた数のスタッフがあまりにも多くのコンシューマーを取り

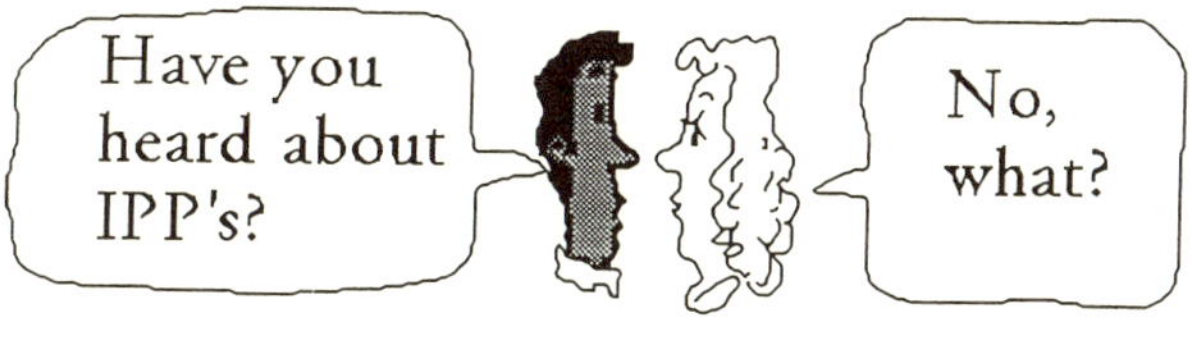
Have you heard about IPP's?
No, what?

“Advocacy News” (North Bay Consumer Resource Center, 1993年4月)より

扱わねばならないという状況では、しかたがないとも言えましょう。このような現状では、現在あるサービスがクライエントのニーズであると合理化されてしまいがちです。たとえば、働いてお金を稼ぎたいというニーズは、作業所への『ニーズ』にすりかえられていますが、現実には、職業訓練を受ける機会はいくつもあり作業所はその中のひとつに過ぎないのです。クライエントのニーズと現在提供できるサービスを混同することによって、ＩＰＰは選択肢の狭い現状のサービスを固定化してしまっているのです」。

クライエントの職業的可能性に対する信頼の欠如と、どんなに不適切、不適当であろうと手がかからず、抵抗の少ない現在のサービスを紹介してしまうという、このふたつの重大な誤りは、法律の趣旨に忠実であるためには克服されなければなりません。

知的障害の潜在的な職業能力を発見するのにもっと良いテストや評価方法があるはずです。ランタマン法には、隔離的で、かつ遅れを招く環境にクライエントを紹介することをできるだけ避けるようにとの記述があります。

「………（発達障害者がリージョナル・センターに）初めて来たときには少なくとも、リージョナル・センターや別の機関が提供している教育、作業活動や職業訓練、その他発達障害者に有益と思われるサービスの性質や利用可能性に関する情報を提供しなければならない。さらに受付け時のサービスには評価（テスト）をするかどうかの決定も含まれる」（四六四二条）

「評価（テスト）には、過去に受けた診断データを集め見直すこと、必要なテストや評価を提供、実施すること、発達レベルと必要なサービスの概要を含むものとする」（四六四三条）

子ども（右端）を持つ障害者（野球帽をかぶっている）のIPP（個別サービス提供計画）づくりのデモンストレーション。子どもとのコミュニケーションの仕方、自分の親との葛藤をどう克服するか、楽しいこと、やりたいこと、得意なことなどがわかりやすく絵入りでかかれている。壁に貼って毎日見ているという。

出席している人の理解をたすけるため当事者の発言をその場で絵にして見せる。右の写真は日本のピープルファースト会議のもの。当事者の自己主張、自己選択の必要性に対して、必ず「意見を言える人は少ない」という反論が出てくるが、我先に発言するにぎやかな会議風景を見ると、まさに「案ずるより生むが易し」。

ＩＰＰは……以下を含むものとする。

(a)　発達障害をもった個人の能力と問題点の評価。

リージョナル・センターはカリフォルニア州発達障害局との協力によって、評価を行うための一連のテストを採用すること。テストは統計的手法により信頼性があり有効なものと認められたものでなければならない。

(b)　能力を伸ばすためのプログラムの目標は、進歩の程度が測れるような言葉で表現されなければならない。（四六四六条）

(c)　リージョナル・センターあるいは発達障害者がプログラムによって進歩があったと認めない限り、機関や個人へのサービス委託は継続されない。（四六四八条）

システムが近い将来、クライエントひとりひとりの職業的潜在能力を評価する、より精密な適性検査を実施するようにはならないとしても、どんなニーズが満たされるべきかをはっきりさせ、伝統的な職業リハビリテーションモデルより、安く、地域にとけ込んだ方法を採用することをすることはできるはずです。なぜなら、少なくとも一カ所では行われているのですから。

２　本当の仕事につながる職業訓練とは

以下は『自分で作るサンドイッチ』という店のマネージャーと調査チームとの間の会話です。この店は、知的障害者に対してより質の高いサービスを作り出そうとする民間グループによって設立されました。

証言20

マネージャー　彼女は新しい仕事が見つかったので、昨日この店をやめました。彼女がいないのはこたえますよ。個人的にさみしいっていうより、この店は彼女に頼っていましたからね。ここでは、仕事もしていないのに「重要人物」と思わせたりしないんです。仕事はすべて、「本当」のものです。今日、ここにきてもらった男性は以前ここで働いていてファースト・フードのチェーン店に移った人です。民間企業に就職した例としてみなさんに会わせたいと思いまして。うちで手が足りないときにも電話して来てもらうんですよ。こういうことからも、私たちがやっているのが「マネゴト」の仕事ではないのがおわかりでしょう。マネゴトで民間企業に就職した人に頼んだりできませんよ。本当に仕事をこなさなければならないから頼むんですよ。

調査チーム　彼に頼むとき、最低賃金は払うんでしょうね。（訓練生には払われていない）

マネージャー　もちろん、彼は今は就職しているのですから、一般の労働者と同じ支払いを受ける資格があるのです。

調査チーム　レジなんかはどうしてるんですか？

支配人　それは難しいですね。人によって違いますけど。私たちのところではどんな人にもどんな仕事でもやってもらうように心がけています。みんながあらゆる仕事を完璧に覚えることを要求したりはしません。しかし、先入観にとらわれて最初から仕事の種類を制限したりせずに、誰もがいろんな仕事を覚えるチャンスを得られるようにしています。わざわざ失敗を準備したりはしませんが、厳しい経験をするのは悪くないと思っています。

調査チーム　ここから民間にレジ係として就職する可能性は低いと言われませんでしたか？

マネージャー　それについては私も学びました。ここでどんな仕事もよくできて、レジスターは少々できる人がいました。彼女は仕事を探しに行って、そこで「レジはできますか?」と聞かれたので、彼女もできると答えて試してみたんですが、結局はレジ係としては雇われなかったのです。これは、私が悪かったと思うんです。現実の世界ではできないことを、できるというふうに思わせてしまったんですから。彼女は同じ職場の別の仕事をやることになって、そこですばらしい仕事をしてます。レジの仕事に関しては他の人と肩を並べて競争できるような技能をもっていなかったんですね。

調査チーム　学習障害をもった人にはどうやっていろいろな仕事を教えるのですか?

マネージャー　仕事をしてもらうことによってです。どういうふうにやるか見てもらって……触覚を通じての学習ですね。彼らは教室で訓練を受けてきましたが、あれは間違いです。学習障害の人にとっては講義形式の職業教育は全くナンセンスです。感じて、経験しなければならないんです。自分でやってみることが一番良い方法で、唯一の方法ですね。二、三回やってみせて、ほかの人と一緒にやってもらって、それからひとりでやってもらう。一歩一歩、まるで自転車の乗り方を習うときのようにやります。

調査チーム　どれくらい時間がかかりますか?

マネージャー　できるようになるまでですね。

調査チーム　ということは、どれくらいかかるかは、関係ないということですね。

マネージャー　はい。関係ありません。一番難しいのは、長期的にみて、民間企業でやっていけるかどうかの判断ですね。これが鍵です。ここでできなければ、一般企業ではやっていけませんからね。ここを実際の職場と同じ状況にし、失敗するんだったら、就職してからではなく、ここでしてもらうようにしています。昨日たまたま、ここの成功率の話をしていたのです。もし成功率が高くても、それは自慢してまわるようなことではないと思うんです。成功率の高い統計は、成功しそうな人だけを採用して危険を冒さないことによって作られるんです。われわれは危険を冒すことが好きだし、失敗を望みます。私は失敗をお店の成功のあかしとして、胸につけたいくらいです。

調査チーム　どんなふうにしてそちらのお店に入るんですか？

マネージャー　リハビリテーション局、学校、市立の短期大学、自立生活プログラム、親、ラジオを聴いたりテレビを見たりして、………いろいろありますね。一週間に七～八人に会います。ウェイティング・リストもありまして、店の状況によってどれくらい待つか決まってきます。たとえば、かなり仕事ができるジョンが、就職のためにここをやめることになったとします。この穴を埋めるのに、サリーとジムが応募してきたとします。サリーは豊富な仕事の経験があり、ジムにはないとします。この場合、できる人とできない人とのバランスを取るために、ジョンの後釜には、サリーを採用します。もしやめる人がそれほどできる人でないときは、ジムを入れるという冒険もできます。いずれにしても私が決定を下します。

調査チーム　進歩が非常に遅い人は今までいましたか？

マネージャー　ついこの間、高校を卒業したばかりの人が来ました。みなさんのように制度と闘いながらつちかってきた経験もないし、未熟でした。一緒に仕事をしてみて問題もあるし、もう少し経験をつんでから来た方がよかったなと思いました。社会的に未熟なんですね。これは私たちの店の特徴といえるかもしれませんし、あなたがたはそれを限界と呼ぶのかもしれませんが、接客態度が継続的に不適切というのは許容できないんです。この店は補助事業ではありませんから、接客態度の悪い人がいると、店がつぶれてしまいます。

調査チーム　ふさわしくないなと思った人は、どのくらいでやめてもらうのですか？

マネージャー　もっと早くやめてもらうべきだったかもしれませんね。さっき話した人は六週間いました。しかし、最初の週に、彼にはつとまらないだろうとわかっていました。技術を学ぶ力はあるんですが、問題はふるまいなんです。いろいろ違った状況も試してみました。客に接しないですむ銀行の仕事といったプレッシャーの少ない状況で学ぶ機会も設けてみました。ここはやっぱり大変ですよ。お客さんは入れ替わり立ち替わり来るし、注文は多いし、誰もどの従業員が「特別な人」かなんて知らないですからね、だから特別扱いもしない。でも、特別扱いされないことはすばらしいと思いませんか。

調査チーム　（笑い、かっさいと拍手）

マネージャー　この間もあるお父さんがきて、「私には四人の子どもがいますが、娘のサリーには学習障害があります。だからこの子は特別な子なんですよ。家の中のことも全然やらせないし」というんです。そんな特別扱いをされたいと思う人がいますかね？

調査チーム　なかなかいい仕事をしていらっしゃいますね。こういうことをやる人がもっと増えればいいのにと思います。ジェフとここでの経験について話をしていたとき、彼があなたとはいろいろ話せる友達になれたと言ったんです。カウンセラーや他の人には言えないこともあなたには言える、あなたとはそんな関係だって言ってました。

マネージャー　それは興味深いですね。というのは私はまさに「ボス、上司」だからです。もし、ここでの経験が浅い人だったら、決して私のことを友達だとは言わないでしょう。その人にとって私は、「上司」なのです。誰かとおしゃべりしているときに、私が来れば、おしゃべりをやめて仕事にかかるでしょう。私を恐がっているから。私は恐れられる存在でいたいのです。しかし徐々に力をつけてきて、仕事が本当によくできるようになると自信がつきます。私は訓練中の人に対しては友達だったり優しい父親になったり、義理のお母さんになろうとは思いません。しかし、彼らが自信をもち、自尊心をもつようになったあかつきには、私や仲間の尊敬を得ることができるのです。そうなると、人間関係ももっと個人的なものに変化します。

カウンセラーやソーシャル・ワーカー、特殊教育の先生や医者などは、彼らにとって「面倒をみてくれる人」なのです。たぶん、私の店に来るときに、親やソーシャル・ワーカーは、本人に「あら、あなたもお勉強に行くのね。たぶんそこの人はとても〝いい人〟だと思うわ」と言うでしょう。そんな考えはすぐ改めてもらいます。スタートするときは、緊張を含んだ関係であるべきです。私は〝いい人〟ではなく上司です。時がたつにつれて、パパと子どもやソーシャル・ワーカーとクライエントの関係ではない、大変な仕事を一緒にやりぬいた敬意にもとづく同僚関係に発展していきます。これこそ本当の人間関係なのです。

バス会社でゴミをかたづけている人。彼は男っぽい職場で働くことを希望していた。フルタイムの仕事ではないが、他の従業員と同じユニフォームを着て、同僚として扱われている。時給が最低賃金をクリアしていることは言うまでもない。

3　サクセス・ストーリー

この報告書の中で何回か出てきた調査チームメンバーのひとりの身の上話は、いかに個人のもつ「遅れ」が、環境によってつくられるものかをはっきりと示しています。

現在二十代前半のこの男性は、明らかな脳損傷により知的機能および身体的機能に影響が表れ、「重度」の障害者であると診断されました。これは、医学的見地から判断されたことでした（知能指数にこだわる方のご参考までに、重度の知恵遅れの最高知能指数は五〇です）。にもかかわらず、この青年は、発達障害をもつとされている調査チーム・メンバーの中で、最も「普通になった」人です。

まず、彼は車を運転できます。ランタマン法ははっきりと、

「………発達障害者は、他のすべての人が合衆国憲法やその他カリフォルニア州の憲法や法律のもとで享受している権利を同様に享受すべきである。公的な補助金を受けているいかなるプログラムも発達障害があるというだけの理由で資格のある個人を、活動から除外してはならない」（四五〇二条）

と述べ、知的障害者の運転の権利を保障しています。

彼の場合、どんなに時間と手間がかかっても教えましょうという先生を見つけ、運転を習いました。運転免許試験場は公的な補助を受けているので、障害者を除外できません（訳注・現在はＡＤＡ法があるので公的な補助金を受けていない民間企業・団体でも除外できない）。彼は、その後、カリフォルニア州の筆記試験と実技試験にパスしました。

彼は障害者、健常者の友達のところに電話をかけて、「今晩何するの？　映画行かない？　行く？

よかった。じゃ、七時に車で迎えに行くよ」と言うこともできます。

あるとき、彼は仕事があったので、調査チームの他のメンバーと一緒にサクラメントを出発することができませんでした。だから、自分ひとりでサクラメントの空港に行って、ロサンゼルス空港までの飛行機に乗り、そこから別の飛行機に乗り換え、サンタバーバラまで行き、そこで仲間たちと合流しました。旅に出ると、いわゆる「普通」の人も気弱になりがちです。そういう意味では、旅は冒険の一種とも言えます。そんなわけで彼が「冒険」に挑んでいる最中、たまたま前に面識のあった特殊教育の州政府官僚にばったり出くわしました。役人は、ひとりで旅する彼を見て「ぶっとんで」しまったそうです。今まで一度も予想したことがなかった、知的障害者の普通の生活を目の当たりにしたのですから。

ポールという名の若い青年の話が第六章に出てきます。彼は、十八歳のときには、自分で寝返りもうてなかったし、椅子に座れても立ち上がることはできませんでした。横になるか座るかして前後に体を揺らすことが、彼ができる唯一のことでした。今、彼は二十二歳。歩くことも、自分で食事をすることもできるし、歯を磨くこともできます。学校に行っていて、今は自分で洋服を着る練習もしています。彼の母親は五、六年前、初めてポールにも自分でできることがあるんだということを信じるようになり、自分で、あるいは他の人に教え方を指示することにより、前記のことを成し遂げました。今や彼女は他の親たちのみちしるべであり、ポールは希望の象徴になっています。

もし、システムが正しく効果的に機能していればカリフォルニア州だけでも、何百何千というサクセス・ストーリーがあるに違いありません。実際、このようなサクセス・ストーリーは今集められるだけでも二ダースほどあります。プライマリー・コンシューマーとセカンダリー・コンシューマーやサービス提供者、政治家、メディア、そして一般の人たちがこういう話を読んで、物事を正しくやれば、どれほどのことが可能になるのかを是非認識すべきです。「人間って本当に信じられないようなことができるのよね」というヘレン・ケラーの話と同じ影響をサクセス・ストーリーは与えることができるのです。正直に一定の判断力をもって集められた真実のサクセス・ストーリーは、考え方とテクニックのよき実例となることでしょう。

報告書作成中に調査チームが不満、不快に思ったのは、あるべき姿について語るよりも、今何が問題なのかを語る方が多くの人にとって簡単だったということです。けれども、正しいことを実践し、自慢できる良い結果を得ている人たちもいることを発見できたのは大きな収穫でした。ノーマライゼーションを達成した人々の人生経験は、そのままノーマライゼーションを達成するための方法論のひとつになっています。

他のコンシューマーにとっては、調査チームそれ自体がサクセス・ストーリー集のように見えたようです。正直なところ実際より良く見えたかもしれないとメンバーは思っています。しかし契約した仕事を遂行する上での予期せざるインパクトとして、インタビューされた人々が自らの可能性に目覚めたことは疑う余地がありません。

カリフォルニア州の発達障害審議会は、このようなサクセス・ストーリー、つまり、ノーマライゼ

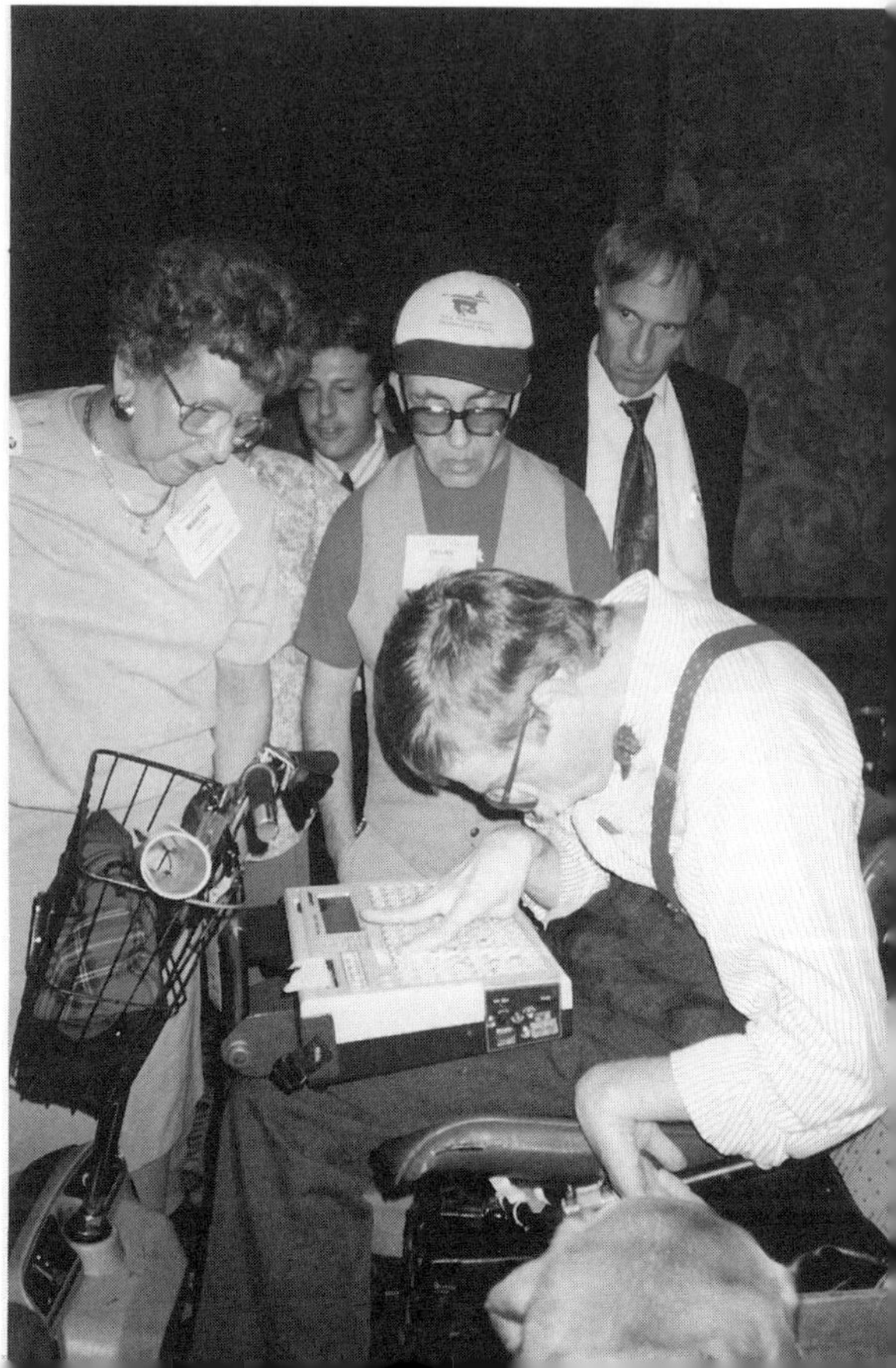

アメリカ政府、教育省、発達障害コミッショナーのボブ・ウィリアムズ。脳性まひのためトーキングエイドを使って話し、介助犬をつれている。全米ピープルファースト会議で講演後、参加者に囲まれたところ。

ーションを達成した、施設から出た、自己信頼を回復したなど、制度自体もゴールとしてかかげている事柄を成し遂げた発達障害者の経験談を集めるべきです。そして、審議会は経験談を集めるだけでなく、それができるだけ多くのコンシューマーに届くように、そしてもちろん地域社会に広く知らしめるようにすべきです。経験談の収集も絶えず実施され、毎年、年報のように新しい情報をいつも読者に提供すべきです。

制度にとっても、経験談収集そのものが、今後の研究調査や分析にとって非常に有効な手段のひとつとなるでしょう。特に、最も効果的なサービスとそうでないサービスの比較をするのには役立ちます。カリフォルニア州の発達障害審議会は、このプロジェクトを他の州の発達障害審議会と協力して行うことも考慮すべきです。

4　家族を支援するサービスの必要性

「知恵遅れ」というレッテルを貼られてはいても、地域社会でごく普通に生活している人々の大多数は、今までのサービス制度に内在する遅れを招く環境の落し穴にはまらなかった人々です。このような人々の成功は、まわりにいる人たち（たいていの場合両親）が彼らを愛しているがゆえの成功ともいえます。必要に応じて、適切なサービスを受けられるようにする一方で、制度の犠牲にならないようにがんばったのです。

証言21

セカンダリー・コンシューマー（親）

「発達障害者の家族のためのカウンセリングは、基本的に、遅れを受け入れ、限界を受けとめなさいというもので、遅れを克服するために、親がどうしたらよいか相談にのったり、支援を提供してくれるものではありません。………いわゆるヘルパーと呼ばれる人は、（遅れを克服している例があっても）目の前にある事実を信じようとしないんです。私には理解できません」

発達障害をもって生まれた子どもや、幼児期に突然障害をもつようになった子どもをもつ両親にと

“Advocacy News” (North Bay Consumer Resource Center, 1993年4月) より

って最も大切なことは、適切なサービスが何であるかを理解し、そのようなサービスを探すのを手伝ってくれる人々のネットワークと接触することです。また、自分の子どもが「ゴールデン・ベビー」ではないということを知ってショックを受けた両親には、現段階で望める最上と最悪を含む真実を直視するような手助けが必要です。最上の例を早く見て、何年か前までは、ほとんど不可能だと考えられていた障害の克服が、今はあたりまえになっていることを理解する必要もあるでしょう。治療技術は、古いやり方に固執している監督者の理解を超えるスピードで進歩していることも知っているべきです。

脱施設とノーマライゼーションに向けての改革と進歩を目指している人たちは、家族を支援することを最優先に考えるべきです。家族への支援は、効果もないのにお金ばかりかかるサービスに対するニーズを減らすばかりでなく、次の世代のセカンダリー・コンシューマーに希望と援助を提供できるのではないでしょうか。

証言22
プライマリー・コンシューマー

「母は、私が障害をもっていることを発見したときは信じたくなかったみたいです……けれども、私は、生後六カ月たっても普通の子のように座れなかったので、親戚のひとりが母に言ったんです。………私が障害児だということを受け入れるまで大変だったみたいです。………まるで私がそうじゃないかのように扱ったりして………とはいってもどうしていいかわからなかったみたいだし………私ができないことをどうしてもやらせようとしたりとか」

「ある程度の年になってくると、今度は、私自身が自分のことを受け入れられなくて。自分を受け入れられないというのは本当に戦争なんですね。兄たちがいろいろなところを歩き回ったり、出かけて遊んだりしているのを見て、胸が張り裂けそうになりました。兄のようになりたくてもなれなかったのです」
「……だから、私も家族も本当に大変でした。私が殻から出られたのは、家を出て、本当に私のことを心配してくれる人々に出会ってか↘らですね。母は私のことを愛してはいても、それをうまく表現できないタイプだったと思います。私は、家族ではなくほかの人々と一緒にいるようになりました」

「何かうまくいかないことがあると、いつもそばにいる私が罰を受けていました。……つまり、母は問題があると、私のせいにしていました。だから、十代の頃、私は家を出て州立病院に行きました……最終的には個人の家に住むようになりましたが、感情面で問題のある人が入ってきて、私を怖がらせるようになったの↘で、私は保養所に入れられて、そこに三年間いて、それから別の保養所に三年いて、……それからその保養所で働いていた方の家族の家に住まわせてもらったんですが、だけどあんまりうまくいかなくてそれで私は元に戻って、……あまりにもいろいろなところにいたから全部覚えきれません」

証言23

プライマリー・コンシューマー

右記の人の経験は、以下に紹介するランタマン法の条文にそぐわないばかりか、その精神に反するものです。

サービスおよび支援は、同年齢の健常者が享受している生活にできるだけ近い生活を発達障害者がおくれるようにするものである……また、発達障害者ができるだけ慣れ親しんだ地域社会から

離れずにサービスを受けられるようにすべきである。（第四五〇一条）

一番の問題は、障害があるとわかったときに家族に提供されるべきサービスがないことです。**証言23**の人が赤ん坊のときは、まだランタマン法もなかったし、そのもとになっている考え方自体も、この国ではまだまだ注目を集めるところまでいっていませんでした。だから、施設から施設へたらいまわしにされる悪夢のような生活は避けられなかったのかもしれません。しかし、今は前記のような処遇は許されません。以下は、またランタマン法からの引用です。

州議会は、発達障害をもった子どもが家族と暮らすことを望ましいとした場合、これを優先するものとする。そのためには以下の事項が実践されなければならない。

a　家庭で、発達障害をもった子どもの世話をする家族に対する支援プログラムの開発と拡大を第一に優先すること。このプログラムに最低含まれなければならないのは、特殊な医療と歯科治療の提供、両親対象の特別プログラム、児童に対する発達促進プログラム、両親の休息のためのケア代行プログラム、家事援助、キャンプ、デイケア、ショート・ステイ、家庭外のケア、子守、カウンセリング、精神衛生サービス、行動学習、車椅子や病院ベッドなどの補助器具、その他必要な器具の提供、所得保障や各種給付金取得の援助などである。

b　リージョナル・センターは、発達障害児対象の個別サービス提供計画（ＩＰＰ）を作成する際、子どもが自宅に住むことが望ましければ、極力そのための支援をすべきである。また、発達障害局は、リージョナル・センターが取り扱ったケースのうち、何％の子どもが家庭外に住むことになったかの統計を毎年取るべきである。そして、必要以上に子どもを家庭から引き離していないかをチェックすべきである。もしリージョナル・センターが、自宅での生活支援を適切に行っていなかったと判断された場合は、より適切なプログラムをリージョナル・センターが開発するよう指導するだけでなく、サービス委託契約書に、家庭内ケア達成のための具体的な目標を盛り込み、その目標達成を義務づけるべきである。

c　リージョナル・センターからのサービスが家庭内ケアを適切に支援していないと判断した場合、発達障害児の保護者は公聴会の開催を要求できる。

d　ここに記されていることは、現在家庭に住んでいるが、家庭に住み続けることが本人にとって最良の利益ではないと判断された成人の発達障害者に対し、家庭での居住を奨励するものではない。（第四六八五条）

ランタマン法をこれだけ長く引用したのは、実は良質のサービスを提供しているいくつかのプログラムが、必要な助成金をもらっておらず、これからも補助金を続けてもらえる望みがあまりないことを、知らせたいと思ったからです。カリフォルニア州議会と知事は、教育啓発活動にここ数年間で二十億ドルかそれ以上のお金を費やそうとしています。それならば、そのうちの最低三百万か四百万ドルを、遅れを招く環境から子どもを守り、一カ月に五千ドル（訳注・現在は一千万ドル以上）もかかるような州立病院へ入れないようにするにはどうしたらいいかについての教育に使うべきではないでしょうか。

また、私たちピープルファーストは、州議会が州内の主要地を回って公聴会を開くべきだと思っています。そうすれば、両親や専門家、このテーマに関心のある人たちの意見や視点が直接、議会のメンバーに伝わるからです。議会は下院研究所のようにこの分野では優れた仕事をやっているところに委託して、この課題に関する研究調査をすべきです。

調査チームのメンバー自身も経験しており、調査の段階で何回も何回も耳に入ってきたのは、障害者が家を出た後は、家族との仲がうまくいかなくなってしまうことです。これは非常に悲しいことです。ところが、この問題を中心にすえたサービスはまだありません。もしかしたら、私たちの知らないところで、そういうサービスがあるのかもしれません。だとすれば、それはぜひ広く知らされるべきです。逆に、もしそういうサービスがないのであれば、行政の企画課はそのようなものを作ることを真剣に考慮すべきです。

もうひとつ、家族と発達障害者の関係をうまく保つのに良い方法は、面倒をみていた家族が病気になったり死んだりして、もう面倒がみれなくなるという万一の場合に備えておくことです。もし発達障害者が、自分の能力を生かして両親と生活していても、担当部局は自立生活能力を最大限伸ばすようなサービスを提供すべきです。調査チームは、両親が死んだために州立施設や他の施設に入所した人を多く見ています。

「……母が死んでから、私は父の面倒をみていました……家をきれいにして……食事も作ったし……それから今度は父が心臓麻痺で倒れて、それで……もうこれ以上は話したくないけど……兄が私をここに入れたんです……ここではいろいろやることがあるから気に入ってますけどね、だけどたくさんの人と一緒に住まなきゃならないっていうのは好きじゃありませんね……ルーム・メイトも好きだけど、小人数で個室で暮らせたほうがいいですね」

証言24

プライマリー・コンシューマー

第6章

母は語る！

18年間ほとんど何もできなかったポールを変えたのは「他の人」による支援でした。成長する可能性に賭けるとは、親が燃え尽きないようにするには、施設の紹介しかしない行政、家庭とは…カリフォルニア州がシステム全体を見直す契機となった、レイチェルとポールという2人の障害児をかかえた母親の「胸キュン」インタビュー。

ふたりの発達障害をもつ子どもの母親によって四年前に始められたプログラムを、調査チームは訪れました。その子どものひとりはポールで現在二十二歳。専門的には最重度の「知恵遅れ」といわれています。レイチェルは今二十三歳で、重度の「知恵遅れ」といわれています。母親のスーザンは、どちらの子も施設に入れることを拒否し続けてきました。それでもかつてまわりの人に信じられていたより、もっとずっと自分の子どもたちは成長する可能性があるということが確信できるようになったのはつい最近のことです。この確信は、彼女をますますやる気にさせています。

ここで、親であると同時にサービス提供者でもあるスーザンとのインタビューの内容を、長文ですが紹介します。ここには私たち調査チームが考える、現在の制度における重要な問題点が全部入っているからです。これは誰かが机に向かってまとめあげたものよりも、何百倍も感動的で本質をとらえています。

スーザン　私がポールと一緒に四年前にこのプログラムを始めたときには、あの子はたいていは椅子に座って体をゆらしてました………両手を前後にぶらぶらさせて………玩具で遊ぶこともしませんでした。………十八年間いつも途中で起きてしまい、一度も一晩中眠るということがなかったんです、………自分で食事をすることもできないし、………椅子に座ることはできたけど、立ち上がることはできなかったんで↘

す。

………私の監督のもとで、毎日何人かの若い女性にポールに働きかけてもらいました。………一週間もたたないうちに、この家庭プログラムによって著しい進歩を遂げたので、私はその様子を映画に撮ることに決めたんです。その映画をカリフォルニア州各地で見せてまわり、自宅での訓練プログラムに興味を示してくれたすばらしい人たちと出会いました………それ↖

以来ずっとこのプログラムを続けています。

………最初の一年間は、床から立ち上がることができませんでした………膝立ちもできませんでした。二年目も三年目もだめで、四年目、つまり去年やっと立ち上がることができました。………でも最初の年に自分で食事ができるようになりましたし、………おもちゃで少し遊びました。………まだ洋服の脱ぎ着はできませんが、いつか絶対できると思ってます………五年目か六年目に。

………今彼が学んでいる技能は一生失うことがありません。この点が、施設に行くのと、半自立生活的な環境でセルフヘルプの技術を習得するために誰かに助けてもらうこととの違いですね。

やはり子どもは家で育つのが一番良いと思います。私は現代の生活で私たちがどういうふうに子どもを育てているか、子育てとは何なのか、その辺のことを見直す必要があると思います。

調査チーム　そうですね、でも彼らが大人になったときはどうすればいいのでしょうか? 大部分の母親が母親の役割を卒業したずっと後まで、何年も何年も面倒みてくれる母親のような人を探さなければならないということですか?

スーザン　問題はどうやって責任を他の人に委ねるかということなんですよ………私には助けてくれる人がいます………この人々を私は、指導、監督するのです。………私は子どもをまるで三歳か四歳の幼児のように扱って、何もかも私がするというタイプの人間ではないんです。………重要なことは、自分の人生をめいっぱい生きるのに必要なことを教えてくれる人々と子どもをつなげることにより、自分のことがもっと自分でできるようにすることです。

調査チーム　自分の生みの親と一緒にいられないという子どもを何人か知っています。今までおっしゃったような集中的なケアと親としての行為は、本当の親以外の人でも可能でしょうか?

スーザン　家庭的な環境とは何も生みの親がい

る家庭とは限りません。世の中には育てたりケアする力がない家庭が少なくないんじゃありません？　だから、地域社会の中で人との交流があり、ごく普通の出来事が、ごく普通に起こっている、そんな環境を家庭的な環境と呼ぶので、これに対し、隣の人との自然な形の交流もないし、近所のお店の店員との気軽なおしゃべりもないのを施設的な環境と呼ぶのです。たとえばロサンゼルスには三、四人の子どもたちが生みの親ではないけれどハウスペアレンツと呼ばれる人と一緒に暮らしている「家庭」があります。……小さなグループ・ホームとどこが違うかはっきりとは言えないけれど、大規模な養育施設や州立施設とは大変な違いがあります。いまだに施設に人を送りこんでいるというのはひどいことだと思います。

調査チーム　あなたが今おっしゃったような場所はどうしてよいのか、現在の発達障害制度と関連づけて話していただけませんか？

スーザン　そうですね、そこに住んでいる人、↘個人個人に重点をおいている点です。お店に行って全く同じセーターを六枚買って着せるということでなく、それぞれがお店に行って自分のセーターを選ぶのを手伝うんです。

調査チーム　もし、今おっしゃったロスの施設で、周辺に生みの親が住まなければいけない場合、状況は変わりますか？

スーザン　そうですね、定期的会合にも参加しなければならないし、子どもとも接触を保たなければなりません。でも親による監視プログラムがあると、ホームの職員はホームの運営にもっと気を使うようです。

調査チーム　家庭的な環境とは何なのかという質問に戻ります。サービスを提供する側と法律立案者は家庭的環境の成立要件をまだはっきりつかんでいないみたいです……でもあなたは、本当に重要な意味があると言っておられる。

スーザン　この質問は、実は今日、リージョナル・センターでも聞かれたんです。というのは私が休息する間、短期的にレイチェルの面倒を↖

みてくれるケアセンターをさがしてるんですが……リージョナル・センターの人は私に探しているものは何かって聞くんです。だから私は、あなた方がいろいろなところを見て、一番評価が高かったところを私に推薦してくれませんかと言ったんですけど………むこうはそれはやりたくないようです。

私がふたりの人間（子ども）にとって何より望ましいと思う環境は、養育的で教育的で成長する個人としての彼らを支えてくれて、本人のありのままの地点から出発してくれる雰囲気をもっているところです。レイチェルに関して言えば、彼女にああしなさいこうしなさいというのではなく、話しかけ、何が欲しいか、何を考えているのか、何を感じているのかを聞くことです………レイチェルができるかぎり自立した生活ができるように必要な技術を身につける支援をすること………そのためには行政の担当者と話をして、人間の成長についてどう考えているか、可能性を伸ばすにはどんな経験が必↘

要か聞く必要もあるかもしれません。

レイチェルがコミュニケーションの問題をもってるのは知っています。コミュニケーションの分野での手助けが必要です。混乱してしまうことがあるのでさびしいんですよ……大事なことはレイチェルが私に、自分の混乱について話せるということです。そうすれば、必要な援助が得られますから。養育家庭だって家庭です。彼女の言うことに耳を傾けて、彼女が大切に思っていることを敏感に感じとることにより、彼女も人生をめいっぱい生きられるんです………担当者は、障害者がどんなサービスを受けられるのか熟知しているべきです。だけど三十カ所に問い合せて、（コミュニケーション上の問題をもっている若い女性のための）精神医療的サービスが全然ないと発見したときにはどうすればいいんでしょうね………これは私が実際経験したことなんです。

ホームを運営する人は必要なニーズにシステムが応えてくれるまで、帽子から兎を出すマジ↖

シャンのようにアッと驚く解決策を自分で工夫し続けなければならないのでしょうね。

自分ではまだ権利主張をできない発達障害者のためには、きちんと権利を擁護してくれる人が必要です。ポールには言葉がありません。だから自分のために主張することができません。けれども彼のレベルを理解してくれる人がいれば「彼の能力はこのあたりです。この分野なら技術を身につけられますよ」と言ってくれるでしょう。どんなことができるかポール自身は言えないけれども、見つけだす方法はあるし、学べるように助けてもらうこともできます。

調査チーム　これはあまり考えたくないことかもしれませんが、もし万が一あなたに何か起こったらどうしますか？　死んでしまうとか病気になるとかでお子さんの面倒がみれなくなったら？

スーザン　それは、非常に良い質問ですね……今私とレイチェルが一生懸命取り組んでいるのは、できるだけ自分で自分のことをできるようにすることです。もし私に何かが起こったら……レイチェルが自分の行きたいところや住みたいところを選べるように遺書を書きました。もしかしたらグループ・ホームを選ぶかもしれません。時々、人生を一緒に歩んでくれる素敵な若い男性を見つける話をします。ということはそういう可能性も考えられます。

私たちは今、彼女が自分自身をよりよく理解できるようになって、問題行動をコントロールできるようになるといいな、と話し合っています。レイチェルについては、仕事をみつけて、料理をして、体を清潔にし、健康管理をして、トラブルにまきこまれずに人前に出ていけるようになることが課題です。

調査チーム　答えるのが不可能と思われている質問に対して、あなたは答えてくれました。……つまり、家庭的な環境とはどんな環境なのか……今まであなたほどすばらしい答えをした人はいませんでしたよ。ということでそれに関連した次の段階の質問をさせていただきます。今度の質問はもっと答えにくいのですが。発達障害者が、家庭あるいは家庭的な環境で成長し、しっかりした生活を送るために必要な支援のうちのどれほどがお金で、まさにお金そのもので買えるでしょうか?

スーザン　いろんなことが解決できますよ!!お金が鍵です。もし子どもたちがもっと小さいころに、私にいっぱいお金があったら、子どもの今の状況は全く違っていたでしょう。重度障害者、いいえ、あらゆる障害者を見てご覧なさい。お金があればさまざまな便宜が買えるし、家庭教師も雇えるし、友達すらも買えます。来てもらって、ちゃんとやってるかどうか見てもらうのもお金で頼めます。

お金がありさえすれば本当に面倒をみてくれる人、本当に助けになってくれる人を雇う責任感も生まれます。

調査チーム　関連した質問ですが、あなたがやろうとしている、あるいは専門家にやってもらおうとしているサービスにかかる費用は、現在↘の制度が提供しているサービスにかかる費用に比べてどうですか。特に、施設介護と比べてどうでしょうか?

スーザン　人によって額が違うので、誰を信じるかによりますが、ポールが州立病院に入れば一カ月約五千ドルかかります。その他の居住施設だと千八百ドルから二千ドルかな。自宅の場合は今リージョナル・センターが一カ月二百五十ドルから三百ドルのサービスを提供してくれています。(訳注・一九九七年のデータでは施設が一カ月一万一千ドル以上、地域生活へのサービスは平均六百三十ドル程度であると言われている。)

調査チーム　ということは自宅のほうが六分の一から十二分の一ですむということですね。

スーザン　そうです。自分以外の人手があるっていうのは本当に重要です………ポールみたいな人だったら、三人か四人の私が必要です。………必要としている支援と訓練を提供するにはものすごいエネルギーがかかるんです。また、愛情の面でも、ポールみたいな人は愛情を返し↖

てくれません。普通の人間関係で考えられるような方法ではね。だから援助する人は傷つくんですよね………誰かほかの人と一緒にポールの世話をすれば、そのようなとき励ましあうことができます………両親が「燃えつきて」しまうことはよくあります。そんなときは、もうこれ以上できない、誰か後押ししてくれる人が必要だ、サポートが必要だというときなんです。誰か「諦めないで、私も何とかして力になるから」と言ってくれる人が必要になります。やる気を取り戻すのに大金は要りません………ここは肝腎なところですが、カウンセラーやソーシャル・ワーカーなど他の人たちは諦めるかもしれませんが、エネルギーの源泉さえ発見できれば、親は続けることができます。さらに、両親は制度が気に入らなければがんとして主張できる強さがあります。社会福祉分野のカウンセラーはある特定のものの見方しかしないような気がします。今までに得たアドバイスといえば、子どもを「どこそこの施設にいれるべきだ」と↘

いうことばかりです………今は大人ですけれども、「大人が入れるところはどこか」ということばかりです………彼らは、養護学校は教育を受けるのに良いところだといっていますが………その理由は、養護学校が一番簡単だし、便利だからというだけなんです。………ひとりひとりの子どもを見るのでなく十把一からげの扱いしかしないんです。

お金を今より有効に使う方法のひとつに、両親を子どもの心理カウンセラーや助手にするようなプログラムをやめて、親を援助し親と一緒にいろいろ教えられる人を雇うのにお金を使うことです。私はもう、唯一の訓練者でいたくありません。ほかの人がもっとかかわって子どものモデルにもなってほしい。そうなれば一歩ひいて、あの子の「すべて」にならなくて済むんです………。

親が子どもを施設に入れなくてもよいようにするには、補助の手を提供することと親以外の人の声を聞かせることです。レイチェルを見て↖

下さい。単にサービスの受け手という状態を脱して、もう一歩で民間企業で働ける、というところまで来ています……個人指導をしたり、教えてくれる人をつけられれば、働けるようになるかもしれません………いずれにしても忍耐と工夫が必要ですが………今、あの子は一日数時間、保育園に行ってます。こういう場所なら働けるし、こういうところで働きたいとあの子は、直観的に思っているようです。保母さんの助手になれるかもしれません。つまり彼女自身が補助の手になるわけです。

発達障害の人には、一緒に職場に行ってそれぞれのレベルのところから始めて一緒に働いてくれる人が必要です。それは非常に重度の人でも高い機能をもった人でも同じですし、期間も六カ月かかろうと十年であろうと必要な間はついているべきだと思います。すべての障害者が、六カ月から十八カ月の訓練でいいと思うのは大きな間違いです。でも、発達障害プログラムではいつもその間違いを繰り返しています。「訓練期間の終わりには、十分やっていけるようになります。すべての問題もそのときには解決されます。この書類が州への証明になります」と言うんです。

調査チーム あなたが言っているのは、カリフォルニア州のいわゆる発達モデルのことですか？ 個人別サービス提供計画（IPP）の個人を意味するI《アイ》が、インスタントのI《アイ》に変わってしまうわけですね。もし今おっしゃった期限付きが原則としてあるなら、どうして州立病院も期限付きにしないんでしょう？

スーザン 非常に重度の障害者の場合は、もし「他の人」による支援がなければ成長は止まります。二十四時間援助してくれる人が来るという現在のプログラムがなければ、ポールは四年前と全く変わっていなかったでしょう。四年前、あの子は椅子から立ち上がれなかったんです。「あの人たち（訳注・専門家）」は、もし十八歳までに基本的なことを学ばなければ、一生学べないでしょうと言いました。でも、そうではなかった。学べるかどうかということと学習にどれくらいかかるかということは別問題なんです。学習って一体なんでしょう？　それは人生へのパスポートですよ。学ぶのを止めることは、成長を止めることです。そうなったら殻に閉じこもり、沈黙した不安な空間で生きなければならないんです。

調査チーム　人は誰でも成長するし、変われるんだというメッセージをどうやってみんなに伝えているのですか？　いわゆる専門家に話をしなきゃいけないときとか、障害者雇用問題知事委員会の人に話をするとき……あるいは、知恵遅れの人は感情がないと言っている人々のグループとか、自分を主張できる知恵遅れの人は診断に間違いがあったと言ったりする障害のない人々のグループをどう説得しているのですか。

スーザン　そうですね、目の当たりにしないとだめですね。聞くことも信じることもできない人がいるんです。ポールやレイチェルがやっていることを聞くのと見るのとでは大きな違いです。発達障害の子どもをもっている家族が私の家族をみると、「私たちだってできるんだ」と思い始めます。私たちはみんなひとり残らず人間です。人間以下の存在なんてないんです。

調査チーム　ヘレン・ケラーの話によっていろいろなことが理解できた人々がいた、というのと似ていますね。

スーザン　そうです。レイチェルがあの映画を見て「あれはレイチェルだ」って言ったんですよ。あの子はサリバン先生が来るまでのヘレン・ケラーと同じでした。……この世の中には、一生を通じて本当に重度の障害をもち続けるポールのような人間もいます。でも叫んだり、泣いたり、たたいたり、殻に閉じこもる代わりに、健康で、情緒的に安定していて、ちょっとしたことは自分ででき、愛したり、与えたり、人から受け取ったりでき、人がきたらニコッとほほえむような人生だって送れるんです……つまり、人生を選択できるんですよ。殻に閉じこもって不必要に知恵遅れになっている子を知っています。ポールは不必要な知恵遅れを克服して、新たなレベルに到達するだろうし、レイチェルはヘレン・ケラーの話に近いところまでいける、と思っています。

………州がもっと柔軟になって、レイチェルのような人を対象にした心理カウンセリングを支援するサービスを提供してほしいと思うんです。州の担当者は、レイチェルには知恵遅れの訓練が必要だとは考えているのに、あの子が感情面で助けを必要としていることは全く理解しない、これは本当につらいですよ。

調査チーム　私たちのグループでもそのことを話し合いました。私たちの行動の中にあるちょっとしたもの……地域の中で活動していても出てきてしまうくせなど………そのために理解できなかったり、判断できなかったりするとき………どこへ行けばいいのでしょうか？　今のところ、困ったときに相談にのってくれるのはリージョナル・センターだけです。しかし、センターは知恵遅れを対象にしているから、サービスを受けることによって遅れを助長しないように気をつけなければならない。普通になるためのサービスが必要なのに、一般社会の中に利用できる機関がないのです。

スーザン　人生に何を求めたらいいのでしょう？　大事なのは自分の人生ということじゃないでしょうか？　もし、人生からはみ出してしまったら、悲劇ですよね。「施設」でいじめにあったり、性的虐待を受けた人たちの話を読んだ後、家にきて子どもを「施設」に入れることを勧める人がいると本当に腹が立ちます。人を助けるという動機は同じでも、当然良い人と悪い人がいます。だから（州の認可を受けたり、推薦を受けた施設であっても）障害者をくいものにする人がいないとは限りません。「人の住みかは家であって施設ではない」って言えるんじゃありませんか？

………自分の子どもをあの恐ろしい施設に入れたくない場合、親はすべてのことを自分でやらなければなりません。だから、親もずっと犠牲にされてきたのです。私は、いつか親が立ち上がって「もうこれ以上ひとりではできません。ひとりでやろうとも思わないし、………私の健康にとってもよくないし、子どものためにも私ひとりがやるのは良くないのです」と言わなければなりません。別の人の、コミュニティの人々の協力が必要です。子どものことを心配しない親はいません。ただ、みんな疲れきってしまったのです。もし、地域社会なり社会全体が発達障害者は家にいてほしい、あるいは家に帰ってほしいと思うのであれば、家にいられるようなサービスを提供すべきです。情緒障害をもっている子や、発達障害の子ども（特に暴力的な行動がある子ども）は、問題行動を起こしたとき、自宅で対処する方が、外で問題行動を身につけてしまって対処するより、ずっと簡単なんです。

………より有効な使い方を知っている私たちのところにお金が来ないで、全然違うところに↘お金が行っているなんてナンセンスですよ。こんなことをやめれば効果のあることができるようになるでしょう。障害者は普通、できることではなくできないことを通して見られています。私はよく子どもの状態を〝現実的〟に把握していない、と言われます………あるいは「お宅のお子さんを、部屋から部屋へ歩かせようとするのは発達の観点から言えば無理だということがわからないんですか」とも言われます。でも今、彼は家中を歩き回ってますよ。でも、批判した人たちは気づかないんですからね。

まあ、私も批判した人たちと同じような間違いをおかすこともあります。昔は、レイチェルが男の人と付き合えるようになるには、歯が磨けて、クッキーを独り占めしないで食べられるようになって、ニコッと笑えるようにならないとだめだと思ってました。でもその後、あの子も非常に寂しくて、母親以外に人生を共にしてくれる人がほしい気持ちがあることを知りました………今のままのレイチェルだってだれか↖

と付き合っていいんですよね。障害を克服してからでないと何もできないと思いこまされる……これって洗脳じゃないでしょうか。

調査チーム　あなたは親だから、いろいろ教えますよね。だけど、私たちも（訳注・発達障害者自身も）私たちなりのやり方で他の人に対して教えることができるんです……お医者さんが母に言ったのです……私は、だから検査が嫌いなんです……というのも、お医者さんは机の上に足をどんとのせて、私を見て、そのとき、もう私にはチャンスはないなと思ったのですが……思った通りに、「娘さんは、ひとりでは生活できないでしょう、お風呂にさえもひとりでは入れないでしょう」と言ったのです。……それで頭にきてこう言ったのです。「何を言っているかわかっているんですか……あなたは、神様じゃないんですよ、私をつくったわけでもないし、自分で自分の言っていることがわかっていないってことが私にはピンと来るんです。いつか絶対、今言ったことがウソだってことを証明しますよ」。そしてお医者さんに、「あなたが万能の神だと思ってるために、いったい何人が（訳注・あなたの犠牲になって）鍵と錠の世界に閉じこめられていることでしょう！」

……お医者さん（または類する人）が「私が一番良く知ってます」と言ったために、どれだけの親がその助言に従ってしまっていることでしょう！　検査は、人間を対象にしているにもかかわらず、心の中にあることを見せることはできませんし、知的障害者の可能性を押しつぶしているのです。私は検査を憎んでいます。私たちが内に秘めている能力を全然測ることができないのですから。

第7章

教えましょう。
ピープルファーストのつくり方

自立を孤立でなくするためには、当事者が互いに支え合う組織＝ピープルファーストが必要です。調査チームは「教えられた人が教える」という方式でどんどん組織を増やすことを提案し、14 年の歳月を経ても全く古くならない『組織づくりの秘伝』をここで明らかにしています。日本でもそのまま使えるノウハウです。

1　当事者組織の重要性

カリフォルニア州発達障害審議会当事者参加小委員会によると、セルフ・アドヴォカシーとは、

「障害者自身が、自分の人生に関わる決定に大きな影響を及ぼすことによって成長し、自己決定と選択をうながす過程のことである」。

セルフ・アドヴォカシー組織とは、

「役員とメンバーの過半数が障害者の組織である。このような組織では当事者の視点から、ニーズやそれに関連する問題を取り上げていく」。

カリフォルニア・ピープルファーストは、右記の要件をよく満たしています。カリフォルニア・ピープルファーストが審議会と交わした契約には、より多くの当事者がセルフ・アドヴォカシーの技術を身につけ、セルフ・アドヴォカシー組織をつくる手助けとなるようなモデル・プランを策定することも入っています。

調査チームのメンバーと報告書のためにインタビューした人々の人生経験をふりかえってみると、知的障害者が強くなり、状況を改善するのに必要な技術を身につけるのに最も必要なことは組織づくりである、という結論に達しました。発達障害者対象のサービスの多くがランタマン法を遵守していないどころか、「遅れを招く環境」として機能していることが、この実態調査を通じてわかりました。

制度そのものが、法遵守を効果的にうながす機動力となれることほど、すばらしいことはありません。そのためには、セルフ・アドヴォカシーグループを組織し人材を養成するという、実に困難で熟慮を要する仕事が必要となってくるのです。

カリフォルニア州では、当事者のセルフ・アドヴォカシー運動の成長が比較的遅いという懸念を審議会やエリアボードが表明してきました。発達障害者のセルフ・アドヴォカシー活動をあらゆる分野でバックアップする責任を負っている人々に対し、調査チームは「とにかく当事者のところへ行って、仕事をしてください」と言うのみです。

2　組織づくりと人材養成計画の背景

この報告書を作成する過程で調査チーム自体が変化したことは、これまでも述べてきました。それは「新しい家族」とでも呼べるようなもので、チームの中には調査チームに参加して初めて、本当の家族の中でも家を出て暮らしたところでも見いだすことができなかった〝家族〟と言える存在を得た人もいます。

メンバーそれぞれは、自立する以前の生活を、痛みと拒否と怒りの感情とともに思い出します。現在自立生活を送っている人でも経済的に自立できている人はほとんどいません。なぜなら、自分を養っていけるだけの仕事がないことと、仕事があっても雇用の機会を拡大するような訓練を受けていなかったために仕事につけないからです。何人かはいまだにリージョナル・センターのカウンセラーから、作業所や成人学級に戻るように圧力をかけられています。

車の運転ができるひとりを除いて障害をもった調査チームのメンバーは、公共交通機関及び障害者用の特別な交通機関が完備されていないことから、移動が制約されています。それなりに努力している交通機関を攻撃するつもりはありませんが、現在のシステムは車が自由に使えない人々の交通ニーズに応えるようにはなっていないのです。

つまり、自立生活は〝質〟を問題にする限りとても十分なレベルに達しているとは言えません。しかし、調査チームのメンバーの生活を大きく変えたのは、ピープルファーストのメンバーになってから、自立に伴う社会的孤立をある程度克服できたことです。グループに属している、グループに参加しているという感覚によって、何人かの人にとっては今まで一度も経験したことがない理想的な家族の親密さが生まれたのです。遅れから脱却して成長する過程の中間駅、非常に大切な意味をもつ駅、それがピープルファーストです。人は、きちんと這うことができて初めて、きちんと歩くことができる、と生理学者や神経学者が言うように、ピープルファーストは自立生活への不可欠の過程といえましょう。

調査チームは今回の旅行を通して、他の障害者にもこの感覚を伝えたいと思いました。自立生活に自らが近づけば近づくほど、その思いが強くなりました。データ収集の旅で感じたもどかしさは、訪問先の人々が組織づくりのための次のステップを教えてほしい、そうすれば新しい働き方も見つけられるし、生活も向上させられるし、お互いに助け合えると心から欲し、そのような援助に飢えていることから来るものでした。もどかしさは彼らの激しい期待についていく力がないからではなく、このデータ収集の旅では自分たちが自立のシンボルとなって希望を与える以上のことができないからでした。人々の期待に応えるには当事者が助け合って組織をつくる以外に道はないことを調査チームはよく知っていたのです。

調査チームが訪れたある場所では、あるスタッフが、他のピープルファーストとの間によくない思い出があったようで、訪問前も、調査チームが来ることにあまりいい顔をしていませんでしたし、当日も明らかに悪意のある態度で接していました。しかし、調査チーム自身が驚き喜んだことに、施設を去るときには、古い怒りを癒すことができ、そこの住人や一部のスタッフと友達になれただけでなく、新しいピープルファーストをつくる大きな原動力が生まれたのです。

以上述べたことは、報告書に何を書くべきかを決めるときに、調査チームが調査をふり返り、話し合ったものです。満場一致の結論は、……コンシューマー自身でコンシューマーを組織化できるし、そうすべきだということです。もし、これがうまくいけば、以下のふたつのことが達成できるでしょう。

①メンバー同士が家族のようになることで、遅れから脱皮できる。

②個々人の内部にある強さが、外部の発達障害者制度と地域社会にも良い影響を与える。

右記の結論を行動に移すために、次項ではセルフ・アドヴォカシーの組織づくりと人材養成のモデルを提示しましょう。

3　モデル・プロジェクト

目的

まだセルフ・アドヴォカシーのグループがない地域にプロジェクトチームを派遣し、新しいグループを養成する。プロジェクト達成のめやすは新しいグループが必要な技術と意欲を身につけ、別のところに行って組織づくりと人材養成ができるようになること。つまり〝生徒一人一人が先生になる〟方式の教え方のグループ版ということです（訳注・あることを習ってマスターした人が次には先生になって別の人を教えるというシステム）。

A　プロジェクトチーム（訳注・セルフ・アドヴォカシーを教える側）——▲

プロジェクトチームの構成

●知的障害者四〜六人。

さまざまな障害種別、程度の人がいるのが望ましい。できるだけ、どうしたら障害を克服または補完できるか、どうしたら「遅れを招く環境」から自らを解放できるかについての〝生きたお手本〟になれるような人を選ぶ。こうすれば、新しいグループに情報だけでなくモデルも提供できる。

●ファシリテーター（知的障害のない人）二〜三人。（訳注・原著では「アドバイザー」という言葉が使われているが仕事の中身は決して「アドバイスすること」ではない。十四年前は「ファシリテーター」（支援者、援助者）という言葉が定着していなかったため「アドバイザー」を使ったと思われる。従って翻訳にあたって

「ファシリテーター」に変更した。）

チームの要件

この本の調査チームのように、一緒に活動した経験をもち、チーム内に家族のような親密な感情があること。

B エリアボードの義務（訳注・エリアボードは州の行政機関。四三ページ参照）――▲

管轄地域内で組織づくりと人材養成を行うためにエリアボードは以下のことを行います。

(1) プロジェクトを実施するコミュニティの選定。

(2) 必要経費を準備する。発達障害審議会へ提出する予算に含めてよい。

(3) プロジェクトチームが作成した資格要件にもとづいて、プロジェクトチーム内につくられた実行委員会と共に、新しいセルフ・アドヴォカシーグループ（訳注・教えられる側）でファシリテーターとなり得る人を探し、候補者名簿を作成する。ファシリテーターの選任は非常に重要なので、G項でさらに詳しく述べる。

(4) プロジェクトチームに新しいセルフ・アドヴォカシーグループのメンバーを募集できそうな場所（生活しているところおよび働いているところ）を知らせる。このとき最も重要なことは、秘密の保持である。アドヴォカシーのための団体であってもサービスの受け手の基本的権利である秘密保持は守られなければならない。従ってプロジェクトチームはプライバシー尊重のために義務づけられている秘密事項取扱許可証や公開許可証等の取得など必要な手続きをとってから施設や個人へ連絡する。

(5) 会合等を開く場所として最も重要な留意点は、発達障害施設等によくある無機的な教室やレクリエーションルーム、〝多目的室〟のような非人間的な場所でない「環境」を見つけることである。居心地も趣味もよくて十分な広さがあり、車椅子でも使える発達障害システムとは関係のない場所を選ぶというのは、難しいであろうが絶対的に必要なことである。同じ配慮がこの先恒久的な事務局を探すときにも必要である。ただ事務局探しについては、新しいセルフ・アドヴォカシー組織が設立されたらそのメンバーたちのプロジェクトにしてもよい。

大切なことは、長期的にはともかく最初は施設からくる否定的なイメージや経験をくつがえすような場所で始められるべきだということである。このような配慮がなければ「遅れを招く環境」に立ち向かうという目標の達成が困難になる。

C　新しいセルフ・アドヴォカシーグループの選定

ファシリテーターの重要性に関するG項では、新しいセルフ・アドヴォカシーグループのファシリテーターは暫定的にプロジェクトチームによって選ばれることが望ましいと述べています。このようにして選ばれたファシリテーターはプロジェクトチームと共に、エリアボードが紹介する知的障害者の中から新しいセルフ・アドヴォカシーグループで中心となる人々を選び出します。この作業は新しく選ばれたファシリテーターにとって最初の訓練です。その後は当事者グループ向けのカリキュラムに一緒に参加することがそのままファシリテーターとしての訓練になります。

中心となる人々を選ぶプロセスは直感と運が頼りです。「やってみたい」と自分から申し出る人を選ぶのがまず第一ですが、集中的に何回も開かれるミーティングに一度たりとも休まずに出席できる人とか、ミーティングに自分で来れる人などなど、一見、単純な資質が決定的に重要です。

中心となるグループの障害者はコミュニケーション技術という点ではかなりできることが重要です。

というのは訓練は集中して行われ時間的にも制約があるからです。コミュニケーション障害を乗り越えるのに大きなエネルギーを費やさなければならないと、所期の目的を達成できなくなります。重いコミュニケーションの問題をもった人々への援助はむしろ新しいセルフ・アドヴォカシーグループがきちんと設立された後に、地域での援助活動として取り上げるとよいでしょう。

どのような選抜においても最も重要な唯一の資格あるいは適性は、リーダーに立候補した人がセルフ・アドヴォカシーについて学ぶことや、得にもならず、感謝されることも少ないリーダーとしての仕事に興味をもっているのか、それともただ〝大物になりたい〟という気持ちに動かされているのかを見抜くことです。最初からリーダーの資質を備えている人は少ないので、自己主張ができる強い人を支援して、グループ活動を通してリーダーに育ってくれるのを期待するというのが実状でしょう。しかし、強い人の中にはグループ活動を妨害する人もいるかもしれません。その場合グループが人間関係の問題を前向きに解決する道を学ぶまでは、その人の参加を延期してもらう方がいいでしょう。しかし、ちょうどグループとしてのまとまりができかかった頃にこういう問題が起きた場合は、それほど心配することはありません。かえって一体感が高まりますし、偏狭な自己満足への欲求と本当のリーダーシップとの違いをみんなで学ぶことができます。

D　養成スケジュール

プロジェクトチームは必ずしもプロジェクト実施地域、またはその近くから選ばれるわけではありません。それゆえ最初の数日のトレーニングの後、家に帰るというスケジュールを組むべきでしょう。距離の観点ばかりでなく、提案されているカリキュラムが精神面でかなりの緊張を強いるものであることを、調査チームは報告書作成の経験から知っているからです。「無理をし過ぎ」ないように真剣で意識的な配慮が必要です。

初期のトレーニングは連続した四日間を一単位とし、間に四~五日の休みをいれて二単位行います。第二段階は、第一段階のトレーニングの五~六週間後に三日ないし四日かけて行います。第二段階では休み中に起こったことを話し合います。これまでに学んだ考えを強化し、経験を抽象的な原則に結び付けられるようにし、直面している問題を検討します。

最後にプロジェクトチームは新しいセルフ・アドヴォカシーグループが、数カ月以内に深刻な問題に直面するようなことがあれば「いつでも出動」して援助しますよ、という責任を引き受けて終了します。緊急な場合のみ助けますよ、という意味合いは保護的になったり不適切な依存を防ぐために必要ですが、危機的状況のときには専門家による問題解決が可能であると思わせることは、個性やアイデンティティーをまだ十分確立していない新しいグループに対しては必要なことです。

E　カリキュラム

以上具体的に書いてきましたが、これを公式の指導要領のようには受け取らないでください。むしろ発達障害者の集団を効果的で自立したアドヴォカシー組織に変えるには、どんな段階をふみ、どんな調子やフィーリングで取り組んだらよいかを提案しようとしている試み、くらいに受け取っていただきたいと思います。

カリキュラムの基本的な目的は、

① 重大な問題についての関心を高める。
② 効果的組織をつくるための情報と技術の提供。
③ 自分のために、そして他の人を助けるために学習し成長し続けようという気持ちをかきたてる。

ことです。この目的を達成するためには、興味をもち夢中になれるような方法で情報が提供されなければなりません。発達障害者だからといって幼児扱いをしたり、レベルを落とすといった従来の教育システムにあった経験をさせないよう十分な配慮が必要です。

報告書を作成する過程でいろいろ役に立つ本を見つけました。ノーマライゼーションやアドヴォカシーという言葉の意味について書いてあるものもあれば、福祉を真に受給する側の役に立つものにしていく方法を述べているものもあります。自己主張の仕方、団体を組織する技術、会議の開き方、重要な場での証言の仕方、お金の集め方、社会の理解をうながす方法、発達障害システム以外の行政・民間機関との交渉の仕方についての〝ハウ・ツー〟ものもあります。

プロジェクトチームはランタマン法及び関連の法律を含むこのような本に前もって目を通し、どれをどのように使うか、どれを基本的な資料として新しいアドヴォカシーグループに紹介するか、どれをやさしい言葉に換えるか、トレーニングのどの段階でどの本を使うか等々を決めなければなりません。文書仕事は最低限に押さえるべきですが、これは本質的な仕事ですので、大変でもやらなければなりません。

トレーニングにおける最も重要な部分のひとつは、障害者ができるだけ多く、またはっきりと自分の中で起こっていることと、障害のない人とはどこが違うかを理解するのを助けることです。この問題にはまるまる一日かけるか、あるいは毎日そのことに触れることが必要です。障害について知らなかったり、自分の障害に向き合うことを恐れている人は、しばしば障害を克服できなかったり、障害を補う方法を学習できなかったりします。〝自らについて知る〟ことは非常に難しいことです。調査チームの中にもまだ「知的障害」と口に出して言うのが大変な人が何人かいます。しかし、無神経な人々がその言葉を口にしたときの傷ついた経験を思い出さずに言えるようになると、遅れを招く環境を乗り越え、環境を操作する新しい力と進歩を達成したことを自覚できます。

トレーニングはできるだけ実践的で活動的なものにします。たとえば発達障害者が住んだり働いている場所を訪問し感想を述べあって、どのようなところはランタマン法の目的にかなっているかを判断することもよい経験になります。

同様に、エリアボードとの一日がかりの会議を相当の時間をかけて準備し、終了後もかなりの時間を費やして会議開催の経験をおさらいするというプロジェクトを組めば、二日間で数年分の学習が可能となります。この会議は新しいグループを主催者にして、昼食を用意した上で、委員会へコンシューマー代表を出すこと、社会教育での連携活動、その他多くの問題など、双方に興味のあるさまざまなテーマについて話し合います。

第一段階では、第二段階までの休み中に新しいセルフ・アドヴォカシーグループがどんな目標の仕事をしたらいいかを決めます。計画をつくる過程で強調すべきことは成功の可能性です。たとえば地方紙の記者やテレビのニュース担当者に会い、新しいグループを記事やニュースで取り上げ、さらに好意的な社説や解説をしてもらうよう頼むことは収穫の多い努力になるでしょうし、商工会議所の人と会って発達障害者が職場実習できるような場を相当数設けてもらうように頼むのも、また別の可能性といえましょう。地方によってはその他の案も考えられます。たとえば調査チームがインタビューした中には、市の担当部局と交渉して彼らの自宅近くの横断歩道をより安全なものにするのに成功したグループもありました。ＹＭＣＡまたは類似の団体とスポーツや親睦活動を一緒にすることも可能でしょう。

ポイントは成功の見込みが高いものを採用する、ということです。成功したように〝見せかける〟ことは不適切でありグループの実力になりません。財政的に苦しい公共交通機関に対して少人数のために時間外のバスを走らせろとしつこく要求するような活動は、失敗するばかりでなく意図が誤っていて、セルフ・アドヴォカシーの力をつける初期段階の学習目的にそうものではありません。

F　教える人

先生及びお手本（ロールモデル）として機能するプロジェクトチームの知的障害者メンバーは重要です。彼らは教える内容ばかりでなく個人として習う側に与える印象や影響にも責任があります。たとえば、セルフ・アドヴォカシーのハウ・ツー・マニュアルには「相手の話をよく聴くことは重要なセルフ・アドヴォカシー技術である。なぜならそれは相手を知ることだからである」と書いてあります。つまり聴き方をだれかに教えるには、聴き方を知っている人から指導を受けなければならない、ということです。しかし、コミュニケーションの専門家を呼ばなければならないと考える必要はありません。何年にもわたってピープルファーストのメンバーは、知的障害者がよりよい生活をできるよう献身的に努力しているばかりでなく、能力もあり素敵な先生でもある人々と出会ってきました。彼らは問題を明らかにしたり、抽象的な考えから具体的な現実を引き出したりするこつを知っています。

最近のピープルファーストの会議にファシリテーターの友達が法律及び法的権利について話しに来てくれました。彼は憲法に列挙されている権利を数え上げるかわりに、次のように聞きました。

「自分は選挙権をもっていると思う人？」

（みんなが手を挙げた）

「来月選挙があることを知っている人？」

（半数が手を挙げた）

「それでは、いつ選挙があるか知らない人にとっても選挙権は役に立つんでしょうかねェ？」

このような挑発的な質問は意識を高めるのに大きな効果があります。テーマをよく理解し、参加者の興味や意欲の「流れにのる」方法を知っており、教習計画に固執するあまり全体をメタメタにするような石頭でない人によって運営されればすばらしいことが起こります。特にこのような経験はもっと勉強したいという気持ちにさせます。

皆さんは十二年、十六年、または二十年の学校生活を通じて学習への意欲と熱意を喚起してくれた先生を一～二人（もし幸運ならば三～四人）は思い出すことができるでしょう。発達障害者はこのような心躍る教育体験の機会を全くもっていないか、もっていても非常にまれです。たとえば精神遅滞の医学的側面に通じていてかつエンタテナーとしての能力ももっている人が、二週間の間に二～三人か四人、発達障害者の前に現れたと想像してみてください。その影響力はプロジェクト全体にわたるほどのものとなるでしょう。

G　ファシリテーターの重要性

組織設立の成否はファシリテーターまたはファシリテーターチームにかかっています。ファシリテーターはセルフ・アドヴォカシーグループの設立準備段階で基本的な方向性を示します。ファシリテーターは欠くことのできない障害のない友人であり、助言者でお手本であり、新しいセルフ・アドヴォカシーグループのメンバーにとっては初期の精神的、情緒的支えであり、確信の源です。さらにファシリテーターには当事者を圧倒したり依存を招かないよう注意できる感受性が必要です。仕事は自立に向けての成長を推進することであり、必要かつ適切であれば、「新しい家族」のきずなを作るセメントのような機能を果たします。

ファシリテーターは時間とエネルギーをとられることを覚悟し、承知していなければなりません。

ファシリテーターは、有給の人と当事者との間にある「社会的距離」をつくらないために無償のボランティアでなければなりません（調査チームはどこでも〝職員食堂〟と〝園生食堂〟があるのを目撃しました）。しかし、可能ならばファシリテーターとして動くときの経費は支払われるべきでしょう。そうすればただでさえ緊張関係に陥りがちの人間関係に、さらに財政困難という邪魔が入るのを避けられます。

ファシリテーターは長期的に関わることを期待されています。将来その地域を離れることがわかっている人は、非常に特別な場合を除きファシリテーターにはなれません。同様に学生はしばしば大変役に立つファシリテーターのアシスタントですが、ファシリテーターの仕事を発達障害を学ぶための実習として行うことは人間関係の見地からいって、不適切です。

キャピタル・ピープルファーストにはふたりのファシリテーターがいました。ひとりは昔からの友人で、もうひとりは当事者の家族でしたが、まれにみるほど完全な成功をおさめました。同程度の実力をもったふたりの人間がファシリテーターの仕事をわかちあうことで、ストレスを減少し、判断や考え方にさらなる深みを加え、継続性を高め、緊急時にはよく知っている者同士ならではのバックアップとなることができました。

良いファシリテーターの条件を決めると、条件を満たしているかどうかを判断する人が必要になってきます。この事業に最もいらない人は、「神」になって良いこと、悪いことを決める人です。

「期待されるファシリテーター像」は必要ありませんが、以下の①〜③を満たしていることは大切です。

① 健全な考え（価値体系）をもっていること。

ファシリテーターは必ずしも発達障害あるいは発達障害システムについて特定の知識をもっていなくてもよい。しかしファシリテーターは「意識がある限り向上できる――すなわちすべての人はより大きな成長と発展の可能性をもっている」という強固な信念をもっていなければならない。発達障害者の解放と自立に不可欠の、市民としての自由と権利を守り推進するという基本的な仕事に対する理解と信念が必要である。また他の人間の成長や発展の限界を人間が予想できるとか、予想する権利がある、という考え方に抵抗を感じるようでなければならない。結論的にいえば、前向きの変化をひきだせるファシリテーターとは「遅れを招く環境」の暗黙の教義を拒否し、ランタマン法に述べられている法的、社会的な目的達成のために人を激励して粘り強く闘わせるような価値観をもち、さらに硬直化したイデオロギーには反対するような人である。

② 柔軟な方法で対応できること。

もしファシリテーターが正しい目的を基本的に支持しているならば、多少頑固な価値観や信念をもっていてもよい。しかし、当事者の支援の仕方に関してはかたくなであってはならない。ファシリテーターとは方向性を提示することと、独裁者との違いを自然に了解していて、こんなことをすると当事者の〝自分でやる〟という成長過程を阻害するのではないかといちいち悩まずに適切な指示が出せる人である。実際最もよいサービス提供者は「折衷的実践家」、すなわち目的を達成するにあたって主義主張の純粋さと方法の硬直性とをごっちゃにしない人であることがわかる。法律に反していたり、不道徳なものでない限り、どんな実践でもよいのである。ノーマライゼーションを施設のようにかたくななやり方で達成することはできない。

③ 利益の衝突を避ける。

セルフ・アドヴォカシー団体は発達障害システムから独立していなければならない。ファシリテーターは決してサービス提供者あるいは発達障害システムの一部であってはならない。これはもちろん、セカンダリー・コンシューマーに難しい問題を提起する。セルフ・アドヴォカシー組織は、発達障害システムと衝突することが多い。そうするとセカンダリー・コンシューマーはシステムからサービスを出さないぞ、あるいはプライマリー・コンシューマーにサービスを出すのをやめる、とほのめかされるかもしれない。

キャピタル・ピープルファーストの場合は、親やファシリテーターがシステムから援助を受けていなかったので、システムの意向に沿う必要がなかった。しかしこの問題は無視することができない。セカンダリー・コンシューマーである親がファシリテーターになった場合、利益衝突を最小限にくいとめるような配慮が必要であろう。

第8章

やってほしこと。やめてほしいこと。

この章は調査結果をふまえた州への提言です。14年後の今日、提言のかなりの部分が実現されています。州立病院は2カ所廃止され、当事者や親に人気のあるサービス提供団体は事業を拡大しており、ピープルファーストの全州会議がホテル貸切りで開かれています。当事者参加で作られた提言を真摯に受け止め実行に移す政府と、当事者を入れず、自由な討論をせず、行政が用意した案に承認を与える機関に堕してしまった審議会とその答申を紙きれ程も尊重しないどこかの国。結びにあたって、提言の先進性と共に『民主政治』と『人間第一』について考えていただければ幸いです。

1 州立病院制度

●カリフォルニア州政府の発達障害制度に関する立法・行政部門による計画は、ランタマン法にもとづいてカリフォルニア州の障害者のニーズに応えるために、地域に根ざした総合的なサービスシステムを導入すると同時に、州立病院を可能な限りすみやかに廃止していくことを中心にすべきである。（第4章　2の(3)）

●ランタマン法が要求している、地域に根ざしたサービスシステムを実施するための資金は、廃止された州立病院の予算をリージョナル・センターへ回すほか、州立病院の資産の売却、州立病院で実施されているプログラムやサービスを地域や家庭へ移すことにより節約される費用によってまかなわれるべきである。（第4章　2の(3)）

●州立病院に長い間入所していた人々が地域で暮らすための特別なプログラムを、州立病院廃止計画の一部として優先的に実施すべきである。（第4章　3）

●州立病院で提供されている質の高いプログラムは、できるだけ早急に病院の外で実施するようにし、州全体に広めるべきである。プログラムの職員に対しては、現職にとどまれるようにするばかりでなく、プログラムの提供者になれるような援助も含めて行うべきである。（第5章　1）

2 地域に根ざしたプログラムとサービス

●発達障害者のケアやサービスの提供に関係するすべての人々（州立病院の職員を含む）に対し、ランタマン法及び市民的権利の擁護を定めた連邦・州法の趣旨と目的にそった指導や訓練について学ぶことを義務づける法律を制定すべきである。（第4章　2の(2)）

●行政の計画策定担当部局は、当事者のグループとともに、継続して良い支援サービスを行っている提供者は報われ、利用者の機能向上に失敗し続けているサービス提供者は契約を打ち切られるような、新しい信賞必罰の制度を設けるべきである。（第5章　1）
●多くの発達障害者が、依存的な生活から自立生活へ移行しているために生じたニーズの変化については、社会参加と経済的自立を目指している当事者を含む、すべての分野の人々によって総合的、継続的に検討されなければならない。（第4章　3）

3 発達障害者の家族に対するサービス

●リージョナル・センターは、ランタマン法の「発達障害者が家庭で生活するための支援サービスを優先的に行う」という規定を、その趣旨においても条文としても尊重すべきである（四六八五条）。同条項に定めるあらゆる形態での家族援助が、州全体で、十分な予算のもとに実施されるべきである。親や支援者やその他関係者が意見とニーズを表明できるよう、州議会は主要都市でこの問題についての公聴会を開くべきである。行政はまた、この問題についての調査を実施すべきである。（第5章　4）
●リージョナル・センターは、子どもに発達障害があると判明した時点でできるだけ早く家族に対してサービスが提供されるように、より広範囲で、より効果的な訪問サービスを行うべきである。障害者及び家族への支援を計画に盛り込み実施すべきである。（第5章　4）
●リージョナル・センターは、すでに自立している発達障害者が家族と再び良い関係をもつことが可能であり適切でもあると判断した場合、必要なサービスを提供すべきである。（第5章　4）
●家族へのサービスは、成人した障害者が家族と一緒に住み続ける場合でも、自立生活の技術に重点を置くべきである。障害者やその家族は、親が死んだときにも障害者が最も家庭的な環境で暮らせる

ようにするための計画づくりへの援助を必要としている。（第5章　4）

4 職能判定、仕事、訓練

●障害者のみを対象とした作業所や成人学級という伝統的な制度への依存を脱し、職場実習などのより効果的な職業訓練及び準備段階を通して一般雇用へ移行していくようリージョナル・センターを奨励し、支援し、十分な財政措置がなされるべきである。州発達障害審議会と州知事障害者雇用委員会による一九八三年十一月三日の共同決議は、州職業訓練調整委員会に対して、一般的な就労サービスとの連携についての明確な要綱と計画を示している。（第5章　2の(1)）

●州職業訓練調整委員会は、一九八三年十一月の共同決議の提案を実行することに加え、障害者の利益は障害者自身によって代表されるような政策をとるべきである。さらに民間企業協議会に対して、障害をもつ企業人がこのことに関して貢献できるようにすべきである。（第5章　2の(1)）

●職能評価と雇用開発に携わるすべての部局は、発達障害者がもっている労働市場で生かせる潜在能力をよりもれなく、かつ適切に発見し評価するテスト、道具、方法論を発見したり開発するのに協力し合うべきである。右記のような徹底的な評価は、リージョナル・センターがランタマン法の目的にそって個別サービス提供計画（ＩＰＰ）を障害者とともに作成するときにも利用されるべきである。（第5章　2の(1)）

5 当事者の自己利益

●議会は、当事者が法に定める自らの権利や義務を知ることができるように、ランタマン法やその他当事者にとって重要な法律や規程をわかりやすく説明したパンフレットを作成する予算を計上するか、または発達障害審議会にそのための予算を計上させるべきである。この資料は、発達障害者が活用できるような形態あるいは伝達方法で提供されるべきである。また、製作過程には、障害者が可能な限り最大限関与すべきである。内容は、当事者の法的権利と義務を中心に、サービス提供者や法律にもとづいて設立された権利擁護委員会の法的義務、事業の目的、発達障害者制度における問題を解決するための援助をどうすれば利用できるかという情報を含んでいなければならない。（第4章　2の(2)）

●カリフォルニア州発達障害審議会は、もし可能ならば他の州の審議会との協力のもとに、発達障害者の機能向上についての成功事例集を編集すべきである。この事例集は、発達障害者も活用できるようなあらゆる形態、伝達方法で提供されなければならない。さらに、毎年改訂してアップ・ツー・デートなものにする。事例集は発達障害者の現実と可能性を一般の人々に知らせる手段として活用すべきである。集められた事例は、どうすれば成果をあげられるか、成功するのにどんなことが障害になっているかを見きわめるための分析資料としても活用されるべきである。（第5章　3）

●納税者個人別退職年金（ＩＲＡ）にならって、個人別自立生活口座（ＩＩＡ）を創設するために、カリフォルニア州発達障害審議会は他の州の審議会と協力すべきである。個人別自立生活口座（ＩＩＡ）は、生活保護（ＳＳＩ）を受給し、自立生活する能力のある発達障害者、あるいは自活に向けて大きな進歩を遂げている障害者が利用できるようにする。この事業は、現在のように複雑でうまく運用されず公開もされていない収入や財源にとってかわり、簡単で幅広く利用でき、だれでもよく知っているような基金とすべきである。（第3章　1の(5)）

6　セルフ・アドヴォカシーのために当事者を組織化し訓練すること――▲

●第7章の3は当事者組織創設のための提言で、当事者グループが、アドバイザーや教育あるいはコミュニケーションの専門家の支援を得て、セルフ・アドヴォカシー組織設立のために他の当事者グループを組織し訓練するという計画について述べている。この事業の主な目的は、従来よりも迅速なセルフ・アドヴォカシー活動の拡大を目指して、訓練を受けたグループが自ら受けた訓練過程をなぞることにより、さらに次のグループを訓練できるようにすることである。

第9章（増補）

本人中心のシステム、その後の展開

本書の刊行から８年が経ちました。日本では「パーソン・センタード（本人中心）」という言葉があたかも新発見のように福祉関係者の間でもてはやされています。本人中心を20年近く実践してきたカリフォルニア州の発達障害システムは現在どうなっているかを追加取材し、三つの視点から日本とは何が違うのかを探ってみました。

1 脱施設への道のり

1 脱施設はどこまで進んでいるか

「あなたにはもっとも制約のない環境でサービスやサポートを受ける権利があります。つまり、あなたが欲しいサービスは自分の家族の近くや、自分が親しみを感じる人たちのいる地域社会で受けられるべきであるということです」。「もし、サービスを自分の家族の近くや地域社会で受けたいと思ったら、友達やサービス・コーディネーター、当事者権利推進員、エリアボードのメンバーに伝えましょう。リージョナル・センター（四二ページ参照）はあなたの希望に添うように行動することになっています」。『ランタマン利用者ガイド』（一九二ページ参照）にはこうあります。

非人間的な大規模な施設ではなく、自分で選んだ地域社会で、威厳をもって暮らすこと。これはカリフォルニアだけでなく、全米の発達障害当事者の多くが望んできたことでした。筆者の知る限りではこれまでアラスカ、ハワイ、メイン、ニューハンプシャー、ニューヨーク、ニューメキシコ、ロードアイランド、バーモント、ウェスト・バージニアなど十一州と首都コロンビア自治区で大規模施設によるサービス提供は廃止されました。

ではカリフォルニア州は？　一九九三年の脱施設にむけた「コーフェルト訴訟」で、行政の地域生活移行計画を盛り込んだ和解が成立しました（四八～五〇ページ参照）。ところが、現在この州では、表1にあるような五つの大規模施設、州立ディベロップメント・センター（発達障害センター）。かつて

9章の1「脱施設への道のり」で使用したデータの出典

Arc of California; California People First; California Alliance for Inclusive Communities; Protection and Advocacy.（2004）a letter to Governor Arnold Schwarzenegger.

Consumer Advisory Committee（2005）Satisfaction Guide to Help You Tell Others What is Important to You, Sacramento: Department of Developmental Services.

表１　カリフォルニア州内の発達障害者対象施設
（カリフォルニア州発達障害局ホームページより筆者抽出）

名称	成立年次	現在の入居者数（2005年末）	ピーク時の入居者数（60年代）	入居者
州立センター				
Agnews アグニュー	1885年	285		
Fairview フェアビュー	1959年	629	2700	発達障害
Lanterman ランタマン	1921年	534	3000	発達障害
Porterville ポータービル	1953年	709	2605	発達障害
Sonoma ソノマ	1891年	743		発達障害

は州立病院と呼ばれていました）が存在し、約三千七百人の発達障害者が暮らしています。六〇年代のピーク時に比べれば数は大幅に減っていますが、それでもこれだけ古い施設が残っています。コーフェルト訴訟の和解条項は実践されたのでしょうか？脱施設への道のりはどうなっているのでしょうか？

まずコーフェルト訴訟和解後の五年間で、施設居住者数が二四五二人減り、当初の目標二千人を超えました。また、ＩＰＰの当事者マニュアルやサービスの質確保二十五の基準、里親制度も導入されました（四八～五〇ページ参照）。

現在、カリフォルニア州全体の発達障害者の全人口は約二十万人で、グラフ１にもありますように、そのうち約三千七百人が州立のセンターか施設に、十七万人が地域での生活をしています。残りの約二万六千人は民間の施設に暮らしているか、公的支援を受けず、何らかの形で地域で暮らしていることになります。今回の取材ではこの部分の実態は把握できませんでしたが、いずれにしてもグラフ１にあるように、地域サービス受給者数と施設入居者数の差

９章の１「脱施設への道のり」で使用したデータの出典
Department of Developmental Services（2001）A Consumer's Guide to the Lanterman's Act.　http://www.dds.ca.gov/CAC/pdf/la_guide.pdf

Department of Developmental Services（2006）Development Centers Home Page. http://www.dds.ca.gov/devctrs/InfoAboutDC.cfm

グラフ1　カリフォルニア発達障害者州立施設入居者と地域サービス受給者の比較
（カリフォルニア州発達障害局ホームページより筆者抽出）

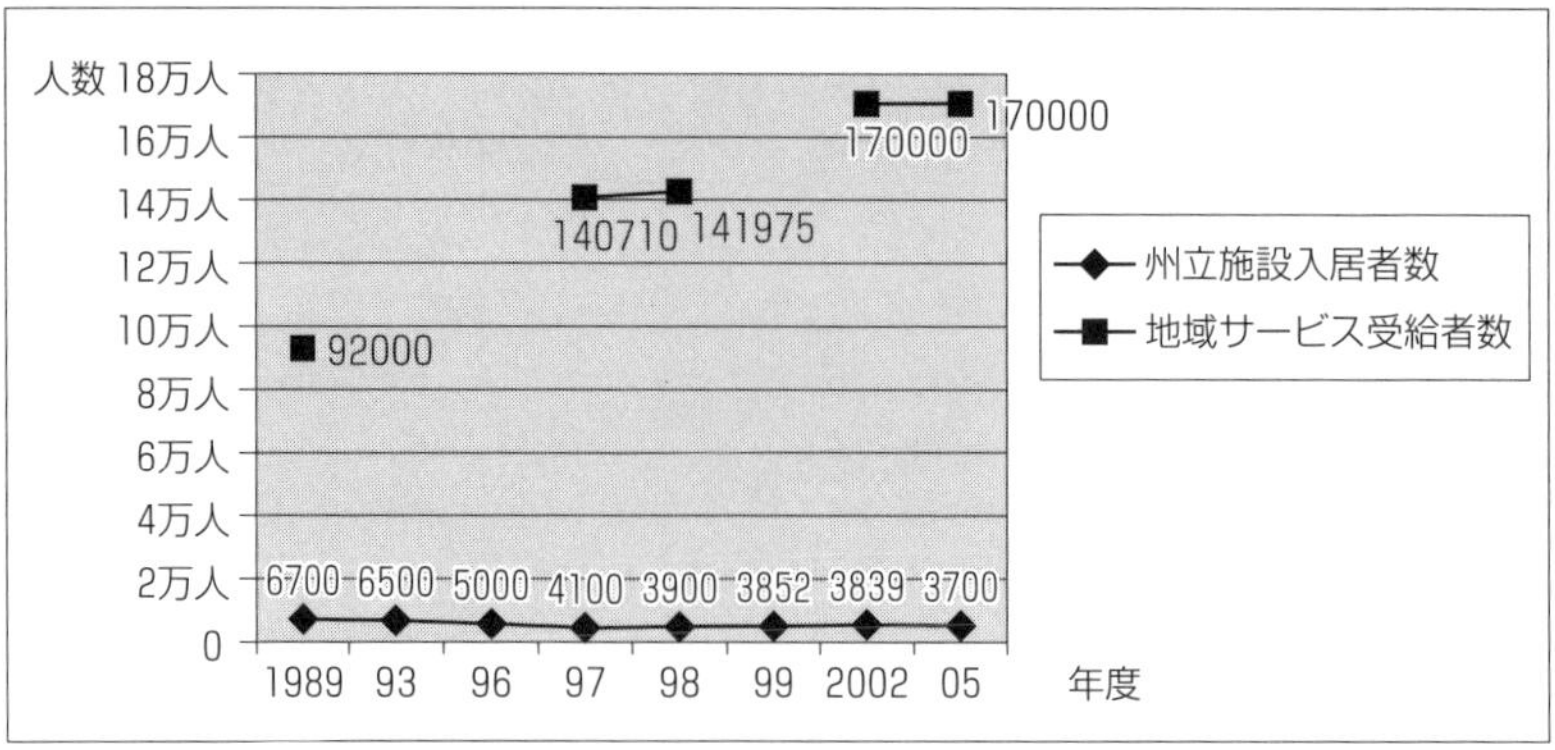

は歴然としています。二〇〇五年時点のグラフ人口を一〇〇%とすれば、地域サービス受給者は九七・九%で施設入居者は二・一%です。日本の知的障害者約四十六万人のうち約十三万人（約二八・三%）が施設に暮らしているというデータとはかなりの差があります。

② 施設に残る人、新たに入所してくる人、「地域移行」のさまざまなあり方――▲

ところが一九九八年以降は、脱施設に停滞の傾向がみられます。カリフォルニア州発達障害局の記録によると、例えば九八年から九九年に、三千九百人の施設入居者のうち、二二二四人が地域移行が適切であると判断されました。しかし、実際に九九年暮れまでに地域に移行したのは二六九人。二〇〇一年から二〇〇二年には、地域移行目標二四三人が立てられましたが、現実に移行したのは五十五人でした。つまり、地域生活を推薦されても実践されず、施設での生活を余儀なくされている人が多いということです。

プロテクション・アンド・アドヴォカシー（PAI）（三七ページ参照）は、地域生活は障害の程度に関係なく、生活の質をあげることが、これまでの研究調査から立証され

9章の1「脱施設への道のり」で使用したデータの出典
Goldblatt, S. E; Jagadeesh, S. (2004) Update on Community Living in California 2004, Oakland: Protection and Advocacy.

ていると主張しています。また、コーフェルト訴訟以外に、地域移行への追い風も吹きました。一九九九年、ジョージア州で、地域移行を反対された当事者が起こしたオルムステッド訴訟は原告側が勝利。最高裁判所は、地域サービスが適切と判断されているのに実践がともなわない場合はＡＤＡの第二章公共サービスにおける差別とみなされる、との法解釈をうちたてました。以降各州は、脱施設、つまり地域移行行動計画策定も義務づけられました。

にもかかわらず、カリフォルニアでは停滞です。ランタマン法は、地域統合は障害者の年齢や程度にかかわりなく推進されるべきとしていますが、現在州立センターに残っている人の大多数が、二十四時間の介助と、かなりの医療サービスを必要とする「重度」の人です。さらに、毎年新たに施設に入所してくる人がいることもわかりました。一九九八年から九九年にかけては一五八人、二〇〇一年から〇二年にかけては一八二人。二〇〇三年から〇四年にかけては一六七人。地域から、緊急時対応サービス施設への入所、その後、大規模な施設への移動も少なくないときます。

そして、一言に「脱施設」「地域移行」といっても、十七万人中の千人はスキルド・ナーシング・ファシリティ、千二百人がインターミディエット・ケア・ファシリティ、コミュニティ・ケア・ファシリティ（全て定員数十六人から百人）という小規模の施設に住んでいます。スキルド・ナーシング・ファシリティは、「著しく重度」とされ、二十四時間介助を必要とする人を対象とした施設で、他のふたつも、当事者の医療ニーズをもとに細分化された施設です。いくら地域社会に位置するといっても当事者は本当に満足なのかという疑問点をＰＡＩは指摘しています。

③　州政府の予算配分は？

社会の少数派の権利を確立する点においては先駆的との評判もあるカリフォルニア。発達障害者の

9章の1「脱施設への道のり」で使用したデータの出典

Protection and Advocacy Agencies (2003) Involvement in Deinstitutionalization Lawsuits on Behalf of Individuals with Developmental Disabilities, Washington D.C.: United States General Accounting Office.

素晴らしいリーダーもいるのに、なぜ施設全廃が難しいのでしょう？　リージョナル・センターの所長は、全体の人口が多いのと、地価が高いため財政がともなわず、地域サービスの受け皿整備が難しいという理由をあげていました。ＰＡＩも、発達障害者の人口自体（特に自閉症）が増加しているといっていました。確かに受け皿整備が追いつかないのかもしれません。

が、それだけではない部分もあるようです。ＰＡＩによれば、例えば一九九九年の地域支援職員の平均年収は一万八千五百ドルでしたが、州立センター職員の場合は、三万六千から五万二千ドルでした。州立センター職員の場合は、ボーナスや短期大学授業料援助などの福利厚生もある一方で、地域支援職員にはそのような特典は与えられず、逆に半分以上が仕事が長続きしないという統計も出ています。コーフェルト訴訟の和解内容のひとつに、地域支援の人的資源の拡充がありました。しかし、このような構造的な問題から、地域支援に長期間従事する質の高い職員確保ができないという問題も表面化してきました。

また、施設入居者のひとり当たりに対する州の経費は、一九九七年、十一万五五〇ドル、九八年に十二万三千ドル、二〇〇一年には十六万三〇六〇ドルであるのに対して、地域サービスに関しては、九七年に七三七六ドル、九八年に八一〇〇ドル、二〇〇一年には一万一八八六ドルです。人口の上では、州立施設入居者は全体の二％しか占めていないのに、サービス経費という局面から見ると、地域支援の十三倍です。また、サービスも含む発達障害者予算全体の二五％が州立センター入居者に使われているとの報告もあります。

さらに、施設の老朽化も進んでいます。実は二〇〇一から〇二年にかけて二千七百万ドルがその修理に計上されました。ランタマン法は、費用対効果の高いサービス提供を義務づけています。この二千七百万ドルはその良き例といえるでしょうか？

9章の１「脱施設への道のり」で使用したデータの出典

Protection and Advocacy (2005) Fifth Amendment Petition for Writ/Complaint for Declaratory and Injunctive Relief/ NO. 2002-038715.

厚生労働省『障害者白書』平成17年度版

4 キャピタル・ピープルファースト訴訟——不必要な施設収容からの脱却をめざして▲

ここに施設で暮らす五人の当事者のものがたりがあります。

アドルフ・アングロ。四十五歳、男性。ダウン症、重度の知的障害があり糖尿病でもあります。人生の大半を大規模な州立センターか民間施設で過ごしてきました。自分の好き嫌いなど意思は表現できます。一九九九年、六人定員の地域ホームにようやく移ることができましたが、肺炎になり、気管切開と経管栄養の必要が生じました。が、六人定員の地域ホームでは経管栄養を行うことが許されていません。彼は、現在、ランタマン州立センターに暮らしています。

エドソン・クルーズ。十七歳。男性。注意欠陥多動性障害（ADHD）、自閉症、布を細かく切ったり、ほかの人を掴むなどの行動上の問題があります。生まれてからずっと母親と暮らしてきましたが、十五歳のとき、母親が対応しきれなくなって、地域の緊急対応施設に入所しました。この施設は彼以外の入居者はひとりだけで、二人の職員の丁寧な支援サービスを受けることができました。彼は六カ月ここで暮らしましたが、行動も落ち着いて、一日に四時間学校に行くようにもなりました。ところが、緊急対応施設の滞在期間は短期と決められています。行くあてのなくなったエドソンですが、二〇〇〇年、所管のリージョナル・センターの担当は、彼を入居者数六百人以上のフェアビュー州立センターに入所させました。

デビッド・ケリー。三十六歳。男性。軽度の知的障害、自閉症。てんかん症状があるが、薬での管理可能。彼は地域のアパートで支援を受けながら、何の問題もなく暮らしてきました。ところが、強盗に入られて家財道具やアパートが壊滅的状況になりました。その後、支援スタッフのフォローアップがうまくいかなかったのか、アパートを追い出され、母親のいる家と、その他の施設を行ったり来たりする生活を経て、二〇〇〇年、民間の百人定員のケア施設に入所し、以後そこで生活を送っています。本人は地域生活を望んでいますが、実現できません。

キンバリー・マッコーニー。二十六歳。女性。軽い人格障害と知的障害。五歳からこれまで、子どもの施設、発達障害者の大規模施設か精神病院で暮らしてきました。一九九八年以降、ソノマ州立センターで暮らしています。彼女と同じような重複障害の仲間もいないため、施設の厳格なプログラムや生活で、ますます彼女の問題行動が強化されています。自分の意思を表明し、地域で暮らしたいとの希望を出していますが、施設側は、彼女にはまだ「地域に出る準備ができていない」といっています。

アラナ・リッジウェイ。四十六歳。女性。軽い知的障害と、脳性まひ、二分脊椎があり、車椅子を利用しています。過去にうつの記録もありました。小規模のグループホームで暮らし、本人も満足していました。他の入居者を助け、詩を詠んだり、歌をみんなの前で歌うのも厭いませんでした。が、家族の希望でこのグループホームから出ることになり、リージョナル・センターの担当者はスキルド・ナーシング・ファシリティに入所させました。そこは多くが高齢者で、仲間もできず、かえって問題行動がでるようになりました。本人は、早く前の環境に戻りたいと思っています。

ランタマン法やＡＤＡによれば、五人の当事者には、自分の望む形態の地域生活の支援を受ける権利があります。キンバリーに施設側が「準備ができていない」と言い渡すことや、エドソン、デビッド、アラナなど本人が満足していた生活環境から、より不満足な環境に移行させてしまうことなど、冒頭に紹介したランタマン法本来の理念と条文に反する実態です。

また、アドルフのような医療ニーズのある人の場合は、社会保障法十九条―メディ・ケイド免除プログラムの利用が可能なはずです。もともとメディ・ケイド（七〇ページ参照）は、低所得者に対する医療サービスの提供を規定する連邦政府の制度ですが、その対象範囲として低所得障害者の施設における長期医療ケアが認められています。十九条の免除プログラムは、その長期ケアの中に自宅や自宅に近い環境でのサービス提供も含むとしました。なぜ「免除（waiver）」という言葉が使われているのか、カリフォルニア州のサービス関係者も首を傾げますが、つまり州の負担がなくなるということではないかと思っています。大規模施設に住む人の多くに医療ニーズがあることから、オルムステッド訴訟以降、地域移行が進められ、このプログラムの利用も各州で推進されました。が、全米でカリフォルニア州の免除プログラム利用率は四十九位となっているのです。

このような現状への危機感から二〇〇二年、コーフェルトに続く新たな集団訴訟が当事者によって提起されました。原告は右の五人の当事者を含むキャピタル・ピープルファーストのメンバーとカリフォルニア・インクルーシブ・コミュニティ同盟、ARCカリフォルニア（ARCは発達障害者の親の会）で、カリフォルニア州発達障害局、精神衛生局、財務局、二十一のリージョナル・センターを相手取り、PAIの弁護士が支援しています。二〇〇六年四月時点では訴訟が終結していませんが、二〇〇五年七月に再提出された訴状によると、訴訟の骨子は次のようになります。

●カリフォルニア州の発達障害者六千人（州立センターの三千七百人とその他地域の小規模施設、民間施設入居者等を加算した数とみられます）が不必要な施設生活を送っており、さらに毎年四百人が、不必要な施設入所の危険に瀕している。

●したがって、州政府に、ランタマン法やADA、コーフェルトの和解、オルムステッド判決、メディ・ケイド免除プログラムをふまえ、適切な財源を地域生活支援に提供し、実現することを求める。
●そのために、当事者に地域生活のさまざまな選択肢についての情報をわかりやすい形で提供する。
●リージョナル・センターの職員がきちんと施設入居者のＩＰＰの会議に参加する。また、専門家として現代の価値観にあった判断をする。
●ＩＰＰはサービスがあるかないかでなく、当事者の選択や社会参加を支援するという観点から決める。
●質の高い、地域サービス（自立支援、里親プログラムを含む）体制を構築することと、重複障害・重度障害者、行動に問題のある障害者もきちんとその対象とする。
●地域の中で、当事者の医療・歯科・各種療法、精神医療ニーズにこたえるあらゆる意味での資源を拡大していく。

5 アグニューセンター閉鎖計画と受け皿整備

それではカリフォルニア州行政は停滞の現状にどう対応しているのでしょうか？　最近のもっとも大きな動きとしてはアグニューセンター閉鎖計画があります。このセンターは、現在ある五つの大規模施設の中でもっとも古く、入居者数ももっとも少なくなっています（二九九名）。州政府は、キャピタル・ピープルファースト訴訟も考慮し、二〇〇三年この施設を閉鎖する方針をかため、そのプランは二〇〇五年、州議会によって承認されました。プランによれば、二〇〇七年六月三十日までの二年間に全員を地域に移行させせなければなりません。アグニューの入居者の六六％は医療ニーズの高い最重度、一五％は重度、一二％は中度、六％は軽度との判断がされています。これら入居者の九〇％が十一年以上アグニューで暮らしてきました。また四十歳以上の入居者が七〇％以上を占めています。

地域の受け皿が足りないとの現状認識があるなかで、これらの人々の行き先をどう確保するのでしょう？　州政府が考案したのはベイエリア・ハウジング・プラン（ＢＡＨＰ）です。州議会によって承認された一一五万ドルで、州内の何カ所もの土地を借り入れ、スキルド・ナーシング・ファシリティ、ファミリー・ティーチング・ホーム、特別居住施設の三種類の受け皿を整備します。スキルド・ナーシング・ファシリティは経管栄養や透析に対応でき、二十四時間介助を整えています。ファミリー・ティーチング・ホームは同じ敷地内に当事者とは関係ない家族の住む家と、当事者三人程度が住む家があって、その家族が当事者の支援をするというものです。特別居住施設は行動に問題のあるとされている当事者三、四人が住むグループホームのようなところです。アグニュー閉鎖にともなって、百二十名をスキルド・ナーシング・ファシリティ、五十名をファミリー・ティーチング・ホームに移行させることが決まっています。ＢＡＨＰのポイントは、土地を借り入れて開発するときに、非障害者も住む家を造り、そこにひとつの地域社会をつくりあげるところです。これ以外に、既存の地域のアパートで自立生活をしたいという人のサポートも展開していくようです。

職員はどうなるのでしょう？　アグニューには一一五四人いますが、基本は州職員としての立場を維持したまま、二〇〇九年まで、入居者の地域生活支援職員として働きます。同時に、今後は毎月就職情報交換会などを開催し、職員に二〇〇九年後の身の振り方について事前対応を促します。職員の七〇％以上が四十三歳以上であることから、退職も見込まれています。

当事者の意思の尊重はどうなのでしょうか。州政府はいくつかのしくみを担保しました。まず、ＩＰＰでは地域移行・本人の意思尊重、という法のうえではあたりまえであることを現実化することを大前提とすること、リージョナル・センターの職員がきちんと参画することです。次に、移行十五日前に必ず、コミュニティ・リビング・オプション（地域生活選択）会議を開催し、本人、支援者、家族など関係者が集まり、プロセスが本人に納得のいく形で行われているか確認します。移行後は最低月に一回、フォローアップの会議が開かれます。さらに二〇〇五年には、利用者諮問委員会（一九一ページ参照）と共同で『満足度をはかるためのガイド』をつくりました。自分の住むところ、友達と支援者、楽しいこと、地域社会、仕事の五つの項目に生活領域を分けて、添付のシールブックにある絵を使って、当事者自身が今の生活形態やサービスに満足しているかいないか、していないとしたらどうしてなのかを表現します。絵1にありますように、「私の人生、私の生き方」という言葉を使い、本人中心の絵を表紙にするなど、当事者主体を前面に押し出しています。

アグニュー閉鎖以外に、フェアビューセンターの敷地を切り崩して、住宅地を造成し、やはり障害のない人も一緒に住む地域社会をつくるという、ハーバー・ビュー・ビレッジなどのプロジェクトも始動し始めました。

州政府としてはアグニュー閉鎖を、完全脱施設への試金石としてとらえています。一方、キャピタル・ピープルファーストやPAIは、二〇〇四年、シュワルツネッガー知事が、現存では最大規模の施設、ソノマセンターへの千百万ドル予算拡充を提案した際、脱施設に逆行する動きであると厳しく批判し、アグニュー閉鎖をきちんと進めること、その際、単純に入居者を他施設に移動させないことを要望しました。

カリフォルニア州の脱施設への道のりは決して楽ではありません。が、もともとは連邦の発達障害者援助権利章典法（DDA、三二ページ参照）で制定され、行政による予算配分を受けている、当事者のための権利擁護団体であるPAIが、行政の仕事を、当事者の立場から、当事者とともに監視してきた取り組みから学ぶことはたくさんあると思います。こういった、いわば自浄作用の制度が今後、どう機能していくか。これからも見続けていきたいと思います。

絵1　『満足度をはかるためのガイド』
右下に「私の人生、私生き方」とある。

2 当事者参加の拡大

1 サービス利用における当事者の位置づけの違い

カリフォルニア州（大なり小なりアメリカ全体の傾向）と日本の制度の最大の違いは福祉サービスにおける利用者＝障害当事者の位置づけです。政府が立派な制度を用意しますから利用者は従ってくださいと、利用者がひたすら受け身の立場に置かれる日本と、次年度に予算が増えるかどうかはそのサービスが利用者に人気があるかどうかで決まる、というカリフォルニア州では、利用者の影響力、発言力は天と地ほども違います。日本では利用者に人気があって予算が足りなくなると、そのサービス自体が打ち切られる危険性があり、利用者は素直に「このサービスは良いですよ」「このサービスをぜひ増やしてください」という意思表示はできず、良いサービスほど打ち切られないように祈る、打ち切られそうになったら反対する、という後ろ向きの姿勢を余儀なくされます。

また新しい制度が導入されると

●できるだけ詳しく制度の目的や利用の仕方を利用者に伝え

●「使い勝手はどうか?」「その結果生活が改善されたか?」「自分らしい生活ができているか?」を直接利用者に聞いて制度にフィードバックしていく

というカリフォルニア州に対し、サービスはできるだけ使われないようにこそこそと導入され、利用者の意見は「文句をつける」という意味合いでしか受け取られない、という日本は、そもそも当事者

ピープルファースト会議

ピープルファーストは発達障害当事者のグループで、定期的に集まって地域生活や権利について話し合っている。毎年６月にカリフォルニア州全体のピープルファーストのグループが集まって州都サクラメントで会議を開く。

の意見を聞くという装置が必要ないようにできているといえましょう。役人はサービスの受給が増えないように、予算を圧迫しないように日々苦労しているようですが、情報も十分得られず、意見を表明する機会もほとんどない日本の障害者は、自分を守るために現存のサービスを少しでも多く受給しようとせざるを得ず、役人の思惑とは反対方向に進んでいっているようです。状況をコントロールする能力を奪われ、先が見えなくなれば、誰でもそのように行動するでしょう。

しかしカリフォルニア州でも知的障害者に関しては、一九八〇および九〇年代前半は、利用者中心の考え方だけが先行して、政策立案やサービスの支給・提供や施行に当事者が直接タッチしているという印象は受けませんでした。当事者職員は州の発達障害局に一人いるだけだったので、当事者参加のアリバイ作り？　とも思いました。その頃は大部分の利用者にとって、制度に対して意見を言う機会は年一回のピープルファースト会議か、サポーテッドライフ会議のみ、という状態でした。それも直接州政府に言うというのではなく、政府の関係者が会議を傍聴し、利用者の考えていることを汲み取るという間接的なものでした。

しかし、二〇〇五年のカリフォルニアの状況は違っていました！

２　本人中心がより明確になったカリフォルニア州のサービス支給決定

身体障害者であれば、サービスが提供される段階で自分にはどのようなサービスが必要かを明確に主張できるかもしれません。しかし知的や一部の精神障害者の場合、自分に必要なサービスを自覚したり、要求するのは難しく、支給段階での〝通り一遍〟のヒアリングや審査プロセスでは、必要なサービスを受給できません。だからといって日本のように肝心の当事者をパスして、親の考えだけを聞いてサービスを提供していくことには大きな問題があります。

サポーテッドライフ会議
毎年10月に発達障害関係者が一堂に会して会議を行う。そのとき新しいサービスの提案が親やサービス機関から紹介されることが多い。

一九九〇年代から日本でも当事者運動が徐々に発展してきて、本人が自分の思っていることを表現できるようになりました。その結果、本人が考えていることと親や周囲の保護者が考えていることとは違うことが明らかになってきました。親や保護者が安全や衣食住のレベルアップなどを重視するのに対し、本人は障害のない人にできるだけ近い生活をすることを望み、そのために必要なサービスを得たい、と考えていることがわかりました。

表現が下手だから、コミュニケーションに問題があるからといって安易に本人以外の人の支給申請でよいことにしたり、本人の意向を聞く努力をしないままサービスを出し続けていても、知的障害者を支援したり、援助することにはならないでしょう。何よりも代理人でよしとするサービス申請は、本人の存在を無視しているという点で人権侵害でもあります。

カリフォルニア州の発達障害システムは、コミュニケーションに慣れていない、何が必要かを自分ひとりで思いつくのは難しい、という知的障害者の特性をよく考慮してつくられています。第2章（四二ページ参照）でも述べたように、サービス申請の最初の窓口はリージョナル・センターです。リージョナル・センターはIPPを作成します。本来IPPは本人の意見をよく聞いてつくられることになっていたのですが、それがかなり形骸化していて、リージョナル・センターのケースワーカー主導になっていることが一九八三年発行のこの本の原著『精神遅滞と遅れを招く環境』（二ページ参照）では指摘されていました。その後一九九二年にランタマン法が改正され、IPPは厳密に「本人を中心にしたもの」でなければならないことになりました。改正については四七ページで触れられていますが、改正を受けて具体的にどうなったかは、初版には書き込むことができませんでした。

IPPは日本でいえばサービスの受給証にあたるものなので、IPPの作成がより本人の意見を尊重するようになるということは、サービス支給における当事者参加の拡大を意味しています。一九九

「本人を中心にしたもの」
Person-Centered Approach

二年のランタマン法の改正を受けて、IPPを作る会議は、本人が望む時間に、望む場所で、本人が望んだ人に同席してもらって作られねばならないことになりました。日本で支援費制度が実施されたときに、知的障害者が慣れない市役所の窓口で、完全に役人のペースで、あれよあれよという間に自分が受給するサービスが決められていったというのとは、これまた雲泥の差です。

またIPPには現在の生活をどう思っているか、自分の将来の夢や希望は何か、夢や希望に到達するにはどんなサービスが必要かが書かれますが、本人がこれらの事項を述べやすくする様々な手法も開発されました。どのようなサービスが必要かがIPPに明記され、本人とワーカーが合意して署名すると、そのIPPは公式の文書となり、カリフォルニア州政府には書かれたサービスを提供する義務が、本人にはサービスを受ける権利が生まれます。IPPが適切に作成されれば、本人の希望に添ったサービスが提供されるはずです。日本の場合、障害者自立支援法の障害区分やサービスの決定において(二〇〇六年三月時点では、まだ不確定な部分もありますが)、政府が決めた項目にしたがって障害者が実験用モルモットのようにチェックされ、一方的に障害区分を決められ、同じ区分の障害者は基本的に同量のサービスしか受けられないことになります。「今は人生の転換期だからいろんなことに挑戦できるようにサービスをたくさん受けたい」と思っても、「家でゆっくりしていたい」障害者と障害程度が同じだったら、ほぼ同量のサービスしか受けられません。人間的な要素を捨象するのが、日本政府が考える「公平性」「透明性」のようです。

IPPが作成され合意されると、IPPに書かれているサービスが事業所を通して本人に提供されます。政府が自らサービスを提供せず事業所(日本の場合、社会福祉法人やNPO)にお金を払って障害者にサービスを提供させる、という部分は日本もアメリカも同じです。ただ、事業所にサービスにかかったお金を払うのは日本では政府(国→市町村)ですが、カリフォルニア州ではNPOであるリージョナル・センターです（財源は税金）。

ここまでがサービスを提供する部分です。日本のシステムはここで終わりです。しかしカリフォルニア州の発達障害システムには、サービスを提供する部分ばかりでなく

サービスを監視する部分

があります。日本は、サービスは常に適正に提供されているという前提に立っているので監視する部分がありません。ＩＰＰをより本人にとって親しみやすいものにする、という努力を通じて支給決定における当事者参加を拡大してきたカリフォルニア州は、サービスを監視する部分においても当事者参加を大きく前進させていました。

③ 弁護士とタッグを組んで仲間を助ける当事者職員

サービスの支給に当たる機関がリージョナル・センターだとすれば、サービスの監視に当たる機関にはプロテクション・アンド・アドヴォカシー（ＰＡＩ）とエリアボード（四三ページ参照）があります。以前からエリアボードは州の発達障害サービスの一環として位置づけられていましたが、ＰＡＩは連邦法で設けられた機関で、どちらかといえば重篤な権利侵害事例や、裁判に持ち込むような一般市民との間のトラブルおよび発達障害関係の法律の制定や改正にのみかかわっていて、日常的なサービス監視には積極的にかかわっていませんでした。しかしランタマン法が「発達障害者はサービスシステムの施行に関して意見を言う権利を有する」と改正されたため、ＰＡＩは従来よりもっと積極的な役割を発達障害分野において果たすことになりました。

その背景にはリージョナル・センターの仕事ぶりに対する不満があり、リージョナル・センターの理事会は半数以上が障害当事者か発達障害の子をもつ親でなければならないという規定だけでは、本

当事者権利推進課
Office of Clients' Rights Advocacy（略称　OCRA）

人の声を十分反映することはできないと考えられたためではないかと思われます。なお、この規定はさらに、障害当事者の数が家族の数を下回ってはならないことにもなっています。

このような流れの中で、ＰＡＩには州の予算でまかなわれる当事者権利推進課が新しく設置されました。

当事者権利推進課の任務は

●発達障害者やその家族がサービスを受けられるように相談にのったり、援助する

●聴聞会（行政不服申し立てなどの際の）で直接、発達障害者を代理する

●利用者の権利について当事者、家族、リージョナル・センター、事業所、地域の関係者への研修を行う

●利用者が、自分の権利が拒否されたと訴えた場合に、援助の必要があれば調査する

●権利侵害が起こりそうな通所施設で法律の遵守を監視する

となっています。聴聞会で障害者を代理したり、調査を担当するのは弁護士である当事者権利推進員ですが、このときＰＡＩの職員として当事者権利推進員を補佐するのが当事者職員の当事者権利推進コーディネーターです。

アメリカでも日本でも弁護士は難しい試験を通ったエリートですが、仕事の性質上発達障害者から必要な情報を得なければなり

当事者権利推進課の職員たち。左が弁護士、中央がダニエル、右がメリンダ

ません。ともすれば弁護士は「で、要点は何ですか」というような話し方をしがちですが、順序だててポイントをつかんで話をするのは発達障害者にとってもっとも苦手なことです。発達障害者のケースを扱うには、当事者の気持ちがよくわかって、当事者から上手に話を引き出してくれるような人が身近にいることが不可欠です。その点で当事者権利推進コーディネーターの存在はこのシステムの成功のカギを握っているといっても過言ではないでしょう。

日本では最近、知的障害者の権利を護るために活躍する弁護士が増えてきて、それはそれでうれしいことなのですが、そのときにピープルファーストや本人活動で活躍する知的障害当事者にきちんとお金を払って助けてもらおうという弁護士さんはまだ出てきていません。当事者権利推進コーディネーターのように、当事者による当事者支援を仕事として位置づけ、PAIが職員として雇用するというステップがあって初めて、弁護士さんもそういう役割の必要性を認識し、業務の遂行を助けてもらおうという気になるのでしょう。

また「利用者の権利について当事者、家族、リージョナル・センター、事業所、地域の関係者への研修を行う」ことは当事者抜きにはできません。差別やハラスメントの多くが、そのようなことをする意図がなかった人によって行われていることを考えると、当事者の気持ちを直に知り、感受性を高めることが研修の主たる目的といえましょう。

私たちがサクラメント市のPAIを訪問したとき当事者権利推進コーディネーターとして、古い友人でもあり日本に招聘したこともあるダニエル・メドウズ氏とメリンダ・リード氏があらわれたのはうれしい喜びでした。ダニエルはカリフォルニア州ピープルファーストの会長を務め、仲間である発

当事者権利推進課のパンフレット

当事者権利推進員
Clients' Rights Advocate（略称　CRA）

当事者権利推進コーディネーター
Peer/Self-Advocacy Coordinator

達障害者をリーダーとして養成するプログラムの先生でした。どんなに多くの人が集まっても物怖じせず、通訳を使っても、みんなの気持ちを目的に向かって高揚させていくのが上手で、日本の施設長や養護学校の先生が「あの人、本当に知的障害者?」と聞くので、通訳として本当に困りました。施設長や先生は、自分が「知的障害者は何もできない存在」という偏見に凝り固まっていることに全く気づいていないのです。

でも来日時、ダニエルは定職についていませんでした。今回当事者権利推進コーディネーターとして働いている姿を見て、当事者支援を仕事にできるカリフォルニア州は本当にうらやましいなと思いました。日本にも能力的にコーディネーターとして働ける当事者はかなりいます。しかし、日本では仲間を助ける能力や人前で話す能力は仕事につながりません。コーディネーターの仕事に向いている当事者は、日本の企業では「生意気」扱いされ、本人も単純作業の反復には飽きたらず、当事者活動のメンバーよりリーダーのほうがかえって就職が難しいという事態が起きています。当事者権利推進コーディネーターという形で知的障害者の仕事の幅が広がることは、今の日本に非常に必要なことではないでしょうか。

給料はPAIから出ていますが、勤務地はリージョナル・センターです。以前はリージョナル・センターの職員として障害当事者が雇われ、サービス利用者からのクレームやアピールを担当していました。しかし利用者とセンターがぶつからないようなケースではよかったのですが、利用者とセンターがぶつかったときには、センターから給料を得ているため、利用者の味方をすることができず、気持ちと給料の板ばさみになって、その役割が果たせない場合も多かったそうです。日本では第三者機関の存在をいやがり、サービスを出すところにサービスの評価やクレーム処理を任せようとする傾向がありますが、そういうことではうまくいかない、何かが犠牲になるということをカリフォルニア州は学んだといえましょう。

ダニエルは仕事として当事者の権利擁護に従事できるようになったからか、弁護士と一緒に仕事をしている経験からか、以前より自信が増し、落ち着きも出てきたように感じました。どんなふうに仕事をしているのかという質問に対し、「例えば、僕には夢や不満を話しているのに、リージョナル・センターの会議では何も言えなくなって、ＩＰＰに違うことが書かれてしまうような人を支援するときには、会議中に独り言のように言うんだ。『えっ、僕に言っていたことと違うぞ』ってね」と話すダニエルには、さまざまなテクニックを駆使する専門家の風格がうかがわれました。

なお、前にも述べたようにＰＡＩは連邦法で設置されている機関ですが、当事者権利推進課はカリフォルニア州発達障害局の予算でまかなわれています。また、リージョナル・センターの利用者は当事者権利推進課の対象ですが、州立施設に入所している障害者の権利擁護はエリアボードが担当しています。これはＰＡＩが入所施設の縮小・閉鎖を求めているため、施設を利用している家族がＰＡＩを利用したがらないことを考慮したためです。

④ 当事者だけで構成される「利用者諮問委員会」の設置

では制度や政策をつくる側への当事者参加はどうでしょうか。発達障害局には以前、当事者とのパイプ役のような存在として当事者が一人常勤で働いていましたが、現在の当事者職員は名目ではなく、ばりばり日常業務をこなしているように見えました。職員として雇うという形の当事者参加とは別に、新しく当事者のみから構成される利用者諮問委員会が設置されていました。

この委員会は州全域から選ばれた発達障害サービスの利用者十五人で構成されています。任期は三年です。主たる任務は仲間の間で問題になっていることを発達障害局に伝え、発達障害局の情報を仲

利用者諮問委員会
Consumer Advisory Committee（略称　CAC）

間に伝えることです。

この委員会ができて最初に委員が指摘したことは「法律が難しすぎる」ということでした。法治国家は市民が法律を知っていることを前提に営まれています。しかし、弱い立場にいる人ほど法律をきちんと知る機会にも時間にも費用にも恵まれないというのが現実でしょう。カリフォルニア州の発達障害者にはランタマン法という、それを知っていればほとんどオールマイティという法律があります。でも以前は、名前を知っているだけで私たちにその内容を説明できる当事者はほとんどいませんでした。利用者諮問委員会はまず『ランタマン法利用者ガイド』の作成に取り組みました。目次を見ると

はじめに
Ⅰこの本にかいてあること
Ⅱこの本をよむ人は？
Ⅲこの本のよみかた
内容
①ランタマン法とはなんでしょう？
②あなたの権利
③リージョナル・センター
④サービスと支援
⑤ＩＰＰ――サービスを受けるには
⑥リージョナル・センターといけんがちがうとき
⑦いけんをいいましょう

となっており、二色刷りでページの一番上にランタマン法の条文が書かれ

『ランタマン法利用者ガイド』
A Consumer's Guide to The Lanterman Act

ています。それをやさしい言葉で写真をたくさん入れて短い文章で説明しています。特にそれぞれのページの下に電球マークのついたヒントがあり、利用者ならではのアドバイスが書かれています。特に困ったときに誰に相談するかの順序がすごいと思います。例えば、生活で嫌な思いをしているとき、プライバシーについて、虐待を受けているときなどは友達や親戚が最初に出てきますが、友達が欲しいとか余暇をもっと充実させたいときにはリージョナル・センターの担当ワーカーが最初に出てきます。これはどんな問題を誰に相談すべきかを教えています。

もし日本でこのようなガイドが作られたら、すべて「親やグループホームのお世話人さん（または施設職員）にまず相談しなさい」になってしまうのではないでしょうか。しかし虐待などの重大問題が身近で支援してくれる人との間で起きることもあります。相談相手は選ぶ必要があることを、このパンフレットは示唆しています。また日本には、本人に関することすべてを単一の施設や事業所に任せきりたい、という親が多いのですが、これは本人をもっとも弱い立場に置き、大変危険です。相談相手が他にいない状態は、当事者が〝どつぼ〟にはまることになり、人権侵害が発見できなかったり、問題を解決できなくします。

利用者諮問委員会は年四回、二日間の会合を持ちます。費用の自己負担はありませんが報酬は出ません（介護者が必要な場合、介護料も含めて経費は全額補填されます）。委員になるには発達障害サービスの利用者で、本人活動をしていること、そして発達障害者仲間からの推薦状が必要です。サービス提供事業所や家族、支援者などからの推薦状はいりません。

この委員会は『ランタマン法利用者ガイド』の後、『ＩＰＰを使って夢をかなえよう』という実話集も出しています。「仕事と学校」「ＩＰＰで何を主張したか」「地域生活」「施設」という四つの章に分かれ、二十人の当事者が「自分の希望」と「それをどうかなえたか」について、実名でかつ写真入り

『IPPを使って夢をかなえよう』
From Conversations To Actions Using The IPP
Stories Of How People With Developmental Disabilities Have Used The IPP（Individual Program Plan）To Live Their Dreams

で書いています。年齢、性別、障害種別的にも幅広くカバーされていて、当事者の希望も、「芝生の手入れをするビジネスを起こしたい」というものから、「よく眠れるベッドが欲しい」というものまで千差万別です。

「担当ワーカーが何もしてくれなかったので時間を無駄にした！」とか「能力検査の結果は検査官によって違うこともある」とか「怒るよりしっかり主張」など、本人が読んだら役に立ちそうなエピソードがいっぱいです。すごくアメリカ的だなぁと思ったのは、夢がＩＰＰに書かれてから、夢がかなったときまでの年月が書いてあることで、三十日から十五年まで様々です。未だかなわず「努力中」もあります。

当事者参加は日本でよく言われる「うちの子には言葉がありません」「本人に聞いても何も出てきませんよ」という親や事業所の決めつけや、「知的障害サービスは、親の意見を聞けばよい」という行政の姿勢を無批判に受け入れている限り絶対に実現しません。

「ＦＯＲ＝知的障害者のために」から「ＯＦ＝知的障害者によって」に変えるためには何が必要か、十年経っても埋まらない日本とカリフォルニアのギャップに考え込んでしまいました。

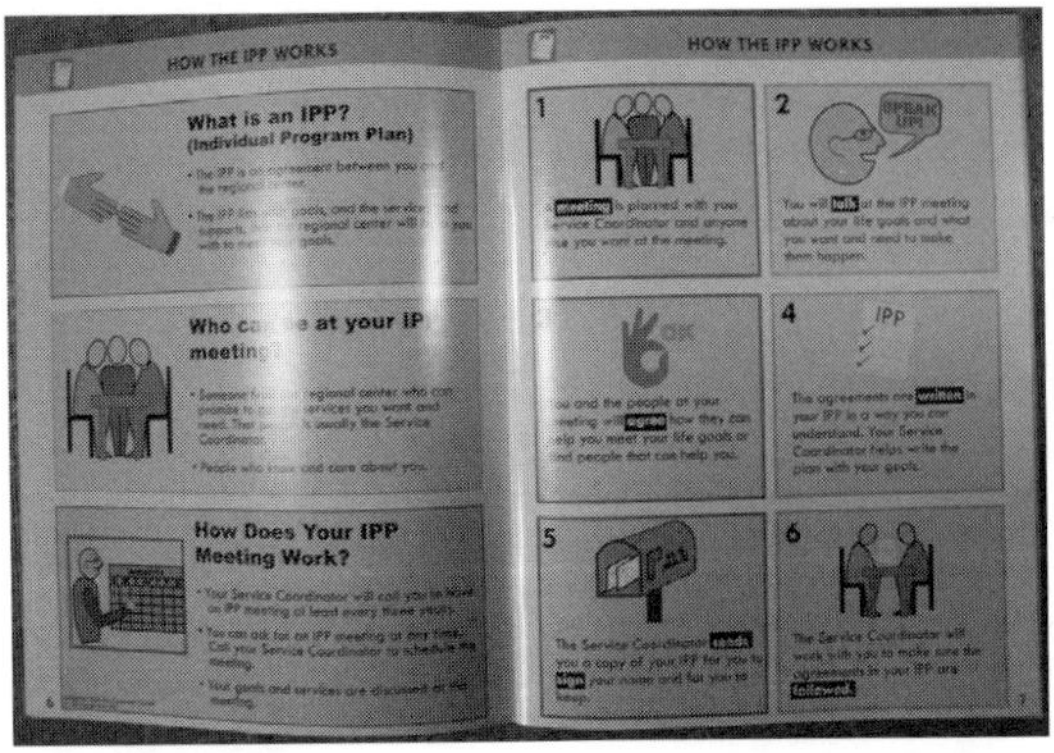

『IPPを使って夢をかなえよう』の中のIPP作成の流れを説明したページ

3　サービス利用も本人が主役──自己管理サービス

1　自己管理サービスの創設

公的サービスには様々な制限がつきまといます。サービスを受ける事業所は、行政が指定したところでなければならないとか、ホームヘルプを減らしてガイドヘルプを増やしたいと思っても変更するには時間も手間もかかるとか、メニューにないサービスはどんなに不可欠で、予算的にささやかなものでも絶対に受けられないとか……、「制度も役人もいらないッ」と思ったことがないサービス受給者はいないといっても過言ではないでしょう。

福祉サービスの本来の目的は、サービスを受けることによって障害があっても障害のない人と同じような生活を送れるようにすることのはずです。しかし、社会がますます複雑になってきている先進国では、福祉制度もまた、平等・透明性などを標榜すればするほど、本人のニーズから遠ざかり、難解で使いにくいものになりつつあります。

「思い切って私たちにお金をください。そうすれば、私たちはそのお金をもっとも有効に使います。もちろん、どのように使ったか明らかにします」といってもいいではないか、と思っていたら、カリフォルニア州で本当にそういうサービスが実現しました。

『私たち、遅れているの?』(初版)を出版した一九九八年に先立つ数年間、私たちはしばしばカリフォルニア州を訪問し、知的障害当事者や関係者に会って話を聞いていました。そのときある人から「オヤッ」と思う発言がありました。それは「ウチの子が自立するときに、一年間で自立するという計画を立て、必要なサービスを予算立てしてリージョナル・センターに提示し、全額をセンターから受け取り、サービスを自分で管理して一年後に精算した」という話でした。その親は「予算組みもお金の管理もサービスの調達も大変でしたが、子どもには納得のいくサービスを提供できたと思います」と語っていました。大変さに見合う成果があったことが言葉の端々からうかがわれました。たぶん長年、子どもに提供されるサービスを横目で見ていて、リージョナル・センターのサービス・コーディネーターより自分のほうが「良い仕事ができる」と思ったのでしょう。制度のなかった当時は、「親からの自立」という一過性のサービスであったことと、時間もあり事務能力にも優れた親と、ものわかりの良いセンターという組み合わせがあって初めて成立した例外的な事例のように思われました。

ところがこの先駆的な事例は、二〇〇五年七月には「自己管理サービス法」として制度化されていました。「前例がないから」という理由で新しい提案を却下しないカリフォルニアはすごい、と当時は思いましたが、今回さらに一人の親の思いつきでも当事者にとって望ましい結果が得られれば、パイロットプロジェクトから制度化へ、と進んでいくことがわかり、現場からのフィードバックを大切にする政策と、行政官が机上でつくってしまう政策との違いを痛感しました。

2 本人が主役の制度にするには

ランタマン法はサービスが当事者中心に組み立てられるよう規定しています。制度的には、リージョナル・センターのサービス・コーディネーターが、IPPに書かれた希望にもっともよく合うサービスを提供している事業所を探し、当事者がその事業所からサービスを受けられるようにし、事業所に対しサービス料を支払うことになっています。

自己管理サービス
Self-Directed Services（略称　SDS）

しかし実際には、ケースをたくさん抱えたサービス・コーディネーターは、本人に合った事業所を探す時間がなく、すでに付き合いのある事業所を紹介してしまいがちでした。以前は、サービスを購入する権限がリージョナル・センターにしかないので、本人や親が良い事業所を探してきて「この事業所からサービスを受けたい」といっても、リージョナル・センターがＯＫしなければお金が出ませんでした。さらに、発達障害業界以外のサービスを受けたいというと、事業所との間で新規に契約を交わしたりしなければならず面倒なので、「本人にふさわしいのはこちらの事業所だ」などと理屈をつけて拒否することもありました。

自己管理サービスの最大の長所は、サービスを使う側の「自由の拡大」です。一括して年間のサービス計画を提示し、承認されれば、リージョナル・センターが契約している事業所でなくてもよいのです。さらに「権限（裁量）の拡大」もあります。一定の予算内であればリージョナル・センターを通さず、サービスを変更したり、これまでになかったサービスを創り出し、受けることもできます。また、いわゆる福祉の人でなく隣人や知り合いのサービスに対しても発達障害者の地域生活の向上に役立つような支援であれば報酬を支払うことができます。

発達障害局は自己管理サービスの基本理念として以下の五つをあげています。

- 自由：自分の生活を計画して財源やサービスの購入を自分に合ったものにできる
- 権限：必要なサービスや支援を購入する資金を管理できる
- 支援：個人がコミュニティで暮らせるように援助する公式、非公式の財源、人的資源の活用
- 責任：地域における尊敬に値する役割――生活を向上させるために公的資金を使うという責任――を引き受け果たす
- 確認：自己管理サービスにおける当事者による権利擁護のリーダーシップの重要性を認める

3 どんな人々が本人を助けるのか

自己管理サービスでサービス・コーディネーターの役割を果たすのはサポート・ブローカーです。ブローカーの仕事は

- 本人のニーズを明らかにする手伝い
- サービスを明らかにし、事業所などサービスを提供しているところを探す。一般的なサービスを中心に探すこと
- 費用対効果の高い特別のサービスを望む当事者を助ける
- サービス提供者とのレートの交渉や契約を手伝う
- 支援や援助の効果の測定に貢献する

となっています。二点目と三点目の間に矛盾があるように思えますが、最初から特別のサービスを探さずに、一般的に提供されているサービスをまず検討し、やはり特別のサービスでないとだめだということになったら、それも認めますよ、ということであろうと思います。三点目がないと自己管理サービスを選択する意味が薄れてしまいます。

日本語では「ブローカー」という言葉にはあまり良い響きがありませんが、仕事の内容を見ると介護保険のケアマネジャー（ケアマネ）とデパートのバイヤーをドッキングさせたような人、に思えます。サポート・ブローカーには特定の資格要件はありません。唯一絶対の資格要件は、障害当事者が指名した人ということです。ヘルパーでもケアマネでも資格、資格と騒ぐ日本とは大きな違いです。本人の選択の尊重が権利擁護の基本であり、サービス提供の大前提だからでしょう。

自己管理サービスについては今回初めて知ったのですが、パイロットプロジェクトとして、一九九

サポート・ブローカー
Support Broker

九年から三年間行われていた自己決定サービスについては多少実態を知る機会がありました。そのとき私が気になったのは親がブローカーになるケースが多いことでした。親だから一概にダメとは言えませんが、これまでは少なくとも他人であるリージョナル・センターのサービス・コーディネーターと交渉していたのに、ずっと面倒見てもらった親がサービスを仕切ってしまうと、ついつい親に依存してしまい、本人のエンパワメントにつながらないのではないか、と思いました。もちろん親以外の人を選ぶケースもあり、私が話を聞いた人は、本人の良き友人でもある床屋さんをサポート・ブローカーにしていました。

サポート・ブローカー以外に、当事者は会計管理サービスを雇わなければならないことになっています。この人は以下のことをします。

●サービス提供者への報酬、請求書の支払い、事務作業や帳簿の記帳、税の減免手続き
●サービス提供者が必要とされる要件を満たしているかどうか、及び記録をきちんとつけているかどうかのチェック
●パーソナル・アシスタンスのような当事者に直接サービスを提供する人に関して、当事者の金銭的負担にならない形で犯罪歴がないかどうか調べる（これはオプション）
●当事者が請求書や雇用主としての責任を理解するのを助ける
●当事者とリージョナル・センターのサービス・コーディネーターのために毎月、予算の執行状況書を作る
●予算よりオーバーしている費目と予算をあまり使っていない費目を明らかにする

さらに、総額の五％を非常用経費として取り置かなければならないことになっています。これは突然の住み替えや、大ケガ、大病など年度初めには予測のつかない緊急事態のためです。また、自己管

自己決定サービス
Self-Determination Pilot Project

会計管理サービス
Financial Management Services（略称　FMS）

非常用経費
Risk Pool

理に失敗して年度中または年度末に、お金が足りないから何とかしてくれと泣きつく、という事態を避けるためもあるのではないかと思います。

④ 自己管理サービスの財政基盤

「障害者自身に予算立てをさせたら、際限なく要求してくるのではないか」と日本の役人は考えそうですが、もちろん要求には限度額があります。二つの選択肢があって

①直近の過去二年間に自分のために消費されたサービス支給額の年平均の九〇%

②本人と同じような年齢、居住環境、障害種別及び能力、身体機能、移行期の状況の人々に対する直近二年間のサービス支給総額を平均したものの九〇%

のどちらかを選択することになります。①の場合、前年度の実績を下回るわけですが、床屋さんをサポート・ブローカーにしたカイルの例だと、初年度は四万ドル、二年目は五万四千ドル、三年目は五万五千ドルと上昇してきています。パイロットプロジェクトでの実績ですが、自己管理サービスが単に予算削減を目的として導入したのではないことを示していると思われます。むしろ、より本人に合った効率のよいサービス提供計画を立てて、実行した人にはより大きな裁量を与える制度と考えられます。

発達障害者へのサービスには日本でのホームヘルプに近い「居宅及び地域サービス」があり、これは発達障害局の予算ではありません。国民健康保険がないアメリカで、連邦の予算で運営されている貧困者や障害者のための医療給付（メディ・ケイド）センターの予算でまかなわれています。居宅サービスの給付がないと地域生活が成立しない当事者も多いので、センターの給付を受けている人の場合、センターが支払いを認めた場合のみ自己管理サービスに移行できることになっています。医療給

居宅及び地域サービス
Home and Community-Based Services

付センターに自己管理サービスへの支払いを認めさせるのは大変のようで、現在のところパイロットプロジェクトに参加していた人にのみ、自己管理サービスの利用が認められています。

この点を除外した自己管理サービスへの移行を申請できる人は

●リージョナル・センターの利用者で
●三歳以上で
●自分から望んだ人で
●予算額に合意できた人

なら、誰でも利用できます。ただし、施設やグループホームに居住している人や日中デイケアに通っている人は利用できません。これはたぶん、集合的な施設を運営している人が利用者を集めて、自分の事業に有利なように自己管理サービスを利用することを危惧したからではないかと思われます。

本格的施行には至っていない制度なので、私には非常に重要に思える基本理念の中の

●確認：自己管理サービスにおける当事者による権利擁護のリーダーシップの重要性を認める

という部分がどのように担保されるのかわかりません。もしかしたら当事者権利推進コーディネーター（一八八ページ参照）が活躍することになるのかもしれません。

自己管理サービスが本当に自由度、自律性を拡大し、発達障害当事者が公的なお金を預かることを認めるようになるところまでいくのかどうかはわかりません。リージョナル・センターのサービスに文句をつけてくるうるさい親を、「そんなことをいうなら、センターを使わずに自分で管理してもいいですよ」といって、公的管理から切り離す策とも考えられます。いずれにしてもブッシュ政権や保守層が大好きな家族回帰の一環とならないことを願っています。

パイロットプロジェクトでは、知的障害があまりない脳性マヒ者が自分でサポート・ブローカーに

なり、自己管理のためにこの制度を利用しているケースが多かったようでした。

制度が目指す方向性として、カリフォルニア州が当事者をより信じる方向に進んでいるのに、日本は障害者自立支援法により専門家主導のサービスに逆戻りしつつあることは憂慮すべき事態と言えましょう。

ジョーン・シュミットはカリフォルニア州に自己管理サービスの創設を思いつかせた肝っ玉かあさんのひとりです。ジョーンは発達障害児の親の会で居心地の悪い思いをしていました。自閉症と診断された息子のディランがおとなしいダウン症の子どもたちとは全く違っていたからです。暴力的で多動なため目が離せない息子が十八歳になり、援助付生活に移行するときリージョナル・センターは困惑しました。そこで彼女は実験的に、自分が「息子のためだけの事業所を開く」ことを提案しました。

ディランには二十四時間、三六五日誰かが付いている必要があります。地域で部屋を借り、朝八時から午後二時、午後二時から夜十時、夜十時から翌朝八時まで三交代で一緒にいてくれる人を見つけました。現在ディランは三十三歳、発達障害局からの低利融資を受けて購入したマイホームに住んでいます。母親は反対でも支援会議でOKになったので、ヘルパーのオートバイの後ろに乗ることもできます。

一方、ジョーンは息子と同じように定型的な支援が困難な人にサービスを提供する事業所、クリエイティブ・リビング・オプションを二〇〇二年に設立しました。「忍耐強く」「生活を工夫する能力をもち」「情熱」があるヘルパーを雇って、十五人の障害者に対して自己管理サービスのように一人ひとりの好み、したいこと、経済状態、特技などに合わせた柔軟性のあるサービスを提供しています。

第９章の写真撮影＝酒井亜弥子

自分を大事にする社会へ（結びにかえて）

問：人間はどういうときにイキイキしているか？
答：自分の人生を生きているとき！

というのが三十年間身体障害者の自立生活を支援してきた私の確信です。知的障害者にかかわり始めて五年。カリフォルニアの知的障害者はやたらイキイキ、伸び伸びしているなぁというのがこの本を作りたいと思うきっかけでした。十四年前の、しかも調査報告書なんて訳してどうするんだ、という思いもありましたが、読んでいただければわかるように「とにかく面白い」。そして胸キュンなのです。

この本は知的障害関係者、福祉関係者だけでなく「みんな」に読んでもらいたい、ということから学術書のような横書きはやめ
章のタイトルをキャッチフレーズのようにし
扉に宣伝文をつけました！

また知的障害者の発言部分に……が多いのは原文にできるだけ忠実に、障害者が迷ったり言葉を探しながら話している様子を再現しようとしたものです。

現在カリフォルニア州では、この本に述べられている状況よりかなり改善されています。特に大きな変化は「〜ができるようになったら自立する」から「本人が自立したいんだったら、どういう援助をすれば地域で暮らせるかみんなで考え、希望どおりにする」というアプローチに変わったことです。

エッそんなことが可能なの？　と思われるかもしれませんが、

「施設」という巨大な無駄づかいをやめ

福祉をルーチンワーク的なお世話から創造的な支援に変えれば

できます！

なお編集中に『私たち、遅れているの？』という題について、「遅れていることが悪いことのように受け取れる」という指摘がありましたが、そうでないことはこの本全体が示していると思います。ただ、障害者も障害のない人と同じに扱われるべきだというと、「障害があるのに障害がないふりをすることだ」と勘違いする人がときどきいます。障害がないふりをすることは偽善的な社会をつくるだけで、何の解決にもなりません。本人も周囲もどのような障害があるのかをよく把握しており、適切な援助があってこそ、真に平等な社会が実現できるのです。障害を恥じたり、隠したりすることは本人の誇りを傷つけあたりまえの生活を送るのを難しくします。コニーが堂々と「そうよ、わたしは知的障害者よ。だから何なの！　So what!」（障害を差別や特別扱いの言い訳にしてはならない）と言っているのは素晴らしいことだと思います。

カリフォルニアだけでなく日本のピープルファーストも、この本を出そうと奮闘している間に毎年全国集会を開けるまでに成長しました。

三十年間障害者の自立生活にかかわってきて、福祉っぽくない人からよく言われたのが、「自立してないのは障害者だけじゃないよね」という言葉です。

この本を訳した愛子、明子のＡＡコンビもまた自己実現途上人です。

この本を読んでくださったあらゆる分野の方々からの自己実現サクセス・ストーリーをお待ちしています。

（一九九八年、斎藤・記）

お礼の言葉

この本の出版にあたっては、カリフォルニア及び日本で数え切れないほど多くの方のお世話になりました。まず、「こんな面白い報告書があるから訳してみたら」と言ってくださった石毛鍈子さん、第7章の訳を手伝ってくださった寺本晃久さん、カリフォルニアではキャシー・バーンズ、シャリーン・ジョーンズ、ポール・バークが日本からの電子メール攻勢に素早い答えを送ってくれました。編集者の山木美恵子さんはこの本の読みやすさに貢献してくださいました。それでもなおかつ読みにくい部分はひとえに訳者の責任です。古くからの友人でもある現代書館の小林律子さんなくしては、この本も日の目を見なかったでしょう。お名前をあげ切れなかった方々にも心から感謝します。

（A&A）

増補改訂版へのあとがき『自己実現の旅は、どんなルートをたどって、どこまで来たのか』

一九九八年にこの本を出版したとき、日本の知的障害者の「自己実現の旅」は本当に端緒についたばかりでした。その年は日本の知的障害者にとっては、親から虐待されていた人が裁判に勝って親に謝罪させた年であり、国際ピープルファースト会議に七〇人近くの仲間がアラスカまででかけて行った年であり、アメリカのピープルファーストのリーダーが支援者なしでたった一人で日本に講演しに来た年でした。

あれから八年、今ではジョブコーチ制度を使って大企業で元気に働いている人がいます。ガイドヘルプ制度を使って親でなくヘルパーと、団体でなく個人として買物やコンサートに出かけることもできます。施設からグループホームへ移る動きも加速してきました。もちろん念願の自立生活をしている人もあちこちで仲間に、その存在をアピールしています。

二〇〇六年の日本は、九八年のカリフォルニア州のレベルにかなり追いついてきたといえそうです。しかし「障害者自立支援法」という逆風（?）を受けて、せっかく大きく育ってきた自己実現や本人中心のサービス提供が揺らぎ始めています。日本の知的障害者はこれからどうすればいいのか。もう一度原点に帰って、日本の進むべき道を探そうと秋山愛子さんとのA・Aコンビはまた、セルフ・アドヴォカシーによる自己実現を求めてカリフォルニア州サクラメントに旅立ちました。

本書はこれまで、当事者中心のサービスを提供しようと奮闘している事業所、本人活動を応援している支援者、新しい社会サービス（福祉）を模索する大学の先生、障害者と同じ教室で学んで、障害者が同じ街、同じ職場にいることを自然に思うような人々に読まれてきました。大学やヘルパー養成研修のテキストにも採用されています。八年経っても世紀を超えても「当事者のエンパワメント」や「当事者の意見や選択」を尊重するランタマン法の精神は少しも古びていません。私たちは今こそ、ランタマン法の原点に帰ることを主張した原著『精神遅滞と遅れを招く環境』を訳したこの本を、知的障害当事者も含めて（今や私は多くの当事者がこの本を読めることを知っています。支援者が理解を助ければほとんどの人が読めるでしょう）もっともっと多くの人に読んでいただきたいと思います。

初版、第二版をお読みくださった方は、新しい政策やアプローチを紹介した増補部分（9章）を読みつつ、古い部分も読み返してみてください。そしてみんなで自己実現への旅を続けましょう。

（二〇〇六年四月、斎藤・記）

❖訳者紹介

秋山　愛子（あきやま・あいこ）

1962年生まれ。カリフォルニア大学バークレー校文化人類学科卒。カリフォルニア州を中心としたアメリカの障害当事者運動や権利擁護制度、実践などを日本に紹介してきた。衆議院議員秘書を経て、現在、国連アジア太平洋経済社会委員会（ESCAP）社会問題担当官。

訳書『哀れみはいらない——全米障害者運動の軌跡』、訳文に「障害に関する国際法、比較法、地域法改革概観」（『当事者がつくる障害者差別禁止法』）（共に現代書館）他。

斎藤　明子（さいとう・あきこ）

NPO法人コミュニティサポート研究所事務局長。障害当事者と共に本人中心システムを1970年代後半から推進してきた。身体障害者の状況は多少改善されたものの、知的や精神障害者はいまだに支援より管理が中心で大胆な改革が必要と考え、改革推進のためにミニコミ誌『こむさ』で市民と障害者の新しい関係を提案している。

訳書『アメリカ障害者法（原文・全訳）』（現代書館）

私たち、遅れているの？［増補改訂版］
——知的障害者はつくられる

1998年2月25日　第1版第1刷発行
2006年5月25日　増補改訂版第1刷発行
2007年7月10日　増補改訂版第2刷発行

編　者　カリフォルニア・ピープルファースト
訳　者　秋山愛子
　　　　斎藤明子
発行者　菊地泰博
組　版　美研プリンティング
印　刷　平河工業社（本文）
　　　　東光印刷所（カバー）
製　本　越後堂製本

発行所　株式会社　現代書館
〒102-0072　東京都千代田区飯田橋3-2-5
電話 03（3221）1321　FAX 03（3262）5906
振替 00120-3-83725　http://www.gendaishokan.co.jp/

制作協力・山木美恵子

ISBN4-7684-3458-4